本书获教育部人文社会科学研究规划基金项目

"流通成本变动与制造业空间集聚：基于地方保护主义的理论与实证研究"

（18YJA790015）资助

Circulation Industry Operation and
Circulation Cost Changes:
Mechanism and Test

流通产业运行
与流通成本变动

机制与检验

程 艳／著

ZHEJIANG UNIVERSITY PRESS
浙江大学出版社

图书在版编目（CIP）数据

流通产业运行与流通成本变动:机制与检验 / 程艳
著. —杭州：浙江大学出版社，2022.6
ISBN 978-7-308-22603-5

Ⅰ.①流… Ⅱ.①程… Ⅲ.①流通产业—研究 ②流通
经济学—研究 Ⅳ.①F713 ②F014.3

中国版本图书馆 CIP 数据核字(2022)第 076851 号

流通产业运行与流通成本变动:机制与检验

程　艳　著

策划编辑	吴伟伟	
责任编辑	陈思佳(chensijia_ruc@163.com)	
责任校对	沈巧华	
封面设计	雷建军	
出版发行	浙江大学出版社	
	（杭州市天目山路 148 号　邮政编码 310007）	
	（网址:http://www.zjupress.com）	
排　　版	杭州青翊图文设计有限公司	
印　　刷	杭州宏雅印刷有限公司	
开　　本	710mm×1000mm　1/16	
印　　张	12.75	
字　　数	200 千	
版 印 次	2022 年 6 月第 1 版　2022 年 6 月第 1 次印刷	
书　　号	ISBN 978-7-308-22603-5	
定　　价	58.00 元	

前　言

经济理论界关于流通产业运行的研究,一般是根据产业组织学理论从商品流通的市场关系对其进行契约分析,从流通产业内部的资源配置结构及关联对其展开"结构、行为、绩效"的框架分析,而相对较少关注流通产业运行中的投资制度安排以及流通成本的变动。流通产业的重要特点之一,是其组织结构与治理结构具有一定的相关性,从而影响流通成本的变动。围绕这一特点,本书在对流通经济理论做出学说史梳理的基础上,对市场治理结构作用于组织结构及其对投资决策的影响机制进行了分析,并结合中国的实际,对流通产业的进入管制和商品市场分割、流通厂商的空间区位决定与投资决策的市场关联做出了相关解读。

在理论研究层面,新古典经济学研究范式下的流通产业区域规模变动,一方面涉及厂商投资选择的利润预期、交易费用、运输费用及规模报酬等价格因素,另一方面涉及流通产业提供给消费者商品和服务的前向关联,以及制造业提供给流通产业商品量的后向关联。基于交易成本理论的研究发现,流通产业市场治理结构难以消除合伙交易者之间客观存在的勒索问题。中国流通厂商投资环境的制度约束,以政策制度的设计而言,主要发生在地方政府保护地区利益和保护国有商业集团利益等方面,以市场制度的维护而言,则表现在没有充分顾及某些政策制度有可能对市场机制的削弱。在上述机制的作用下,流通成本变动的制度因素有政策制度、契约联结的市场制度和非正式制度安排。理性的流通商投资选择受投资环境的影响轨迹是：政策制度→市场制度→地区投资环境→流通商投资选择。不难看出，影响流通商做出决策的制度约束的源头是政府的行政干预，投资决策过程中的流通成本和收益的变动与政府政策制度的干预密切相关。基于企业与市场价格机制之间的替代关系，流通成本会伴随着企业内化市场交易费用而降低，互联网平台作为特殊的企业形式在交易过程中同样扮演着节约交易成本的角色。与单向价值链中的传统实体企业不同，互联网平台联结多边群体，不仅需要面向消费者交付产品，还需在整合多边信息和资源的基础之上将其精准地传递给各平台参与者，以满足平台联结多边群体的需求，这种特性决定了在互联网平台交易过程中非正式制度的约束效用更强，作用范围更广。

在实证研究层面，本书结合双边市场理论和"中心-外围"模型，提供一个分析流通产业影响制造业集聚的理论模型，基于中国各地区市场经济发展及相应制度建设水平差异，分析地方政府"锦标赛"式竞争的博弈逻辑对地方保护主义的引致作用，并通过对流通成本变动的分析来解释制造业的集聚过程。短期均衡模拟结果表明，中心地区完成初步制造业集聚后，保持经济发展势头的关键之一是降低当地的流通成本以保持集聚优势；长期均衡分析显示，区域间流通成本差异阻碍了资源的最优化配置过程，实行保护性政策会浪费大量的社会财富，尽管地区保护性政策可以吸引制造厂商的迁入，但并不能使得当地居民的收入增加。进一步，本书在新经济地理学的研究框架内，论证当地区间产业同构程度较低时产生的合意性效应以及过高的产业同构水平产生的非合意性效应对流通成本的影响机制，通过采用含有内生变量的 SAR 模型进行空间计量分析，检验地区间产业同构程度与流通成本之间的相关性。结果显示：省际产业同构程度升高对省际商品流通成本的升高具有显著的影响；当产业同构程度在合意性范围内上升时，省际流通成本呈现 U 形变化趋势，这对降低省际流通成本具有促进作用。

因此，高流通成本下产业的对称均衡分布是以地区经济低质量发展为代价的，这种低质量发展使福利水平相对于低流通成本环境要低得多。基于这样的理解，地方政府要高度重视并充分利用流通渠道对稀缺资源的整合功能,通过各种政策或制度让制造业的空间集聚适应流通成本变动的网络外部性规定。政策或制度设计的原则和指导思想是克服地方保护主义,具体操作思路是在税收优惠、土地使用和商品流转等方面,规划和设计出降低区域间运输成本、销售成本的可操作性措施,从而使政策或制度能够反映流通成本变动与制造业空间集聚的相关性。此外,政府从降低非合意性产业同构水平的层面出发来调整产业结构政策,是降低地区间流通成本的一个新的路径,能够在促进产业结构的合理化和高级化发展的同时,降低流通成本以提高企业投资回报率,增强产品竞争力。

目 录

第一章
流通经济理论的学说史梳理

　　较为成熟的商贸流通理论是伴随着工业革命的氛围而形成和发展起来的。在古典政治经济学加深和拓宽早期重商主义学说①的基础上，发端于"边际革命"的新古典经济学利用一般生产均衡、完全竞争、均衡价格以及以技术分析为核心内容的生产函数，改变了商贸流通理论原有的分析指向和基本架构。但随着经济学的发展，主流经济学以"假设—推理"为特征的公理化研究，逐渐使商贸流通理论不重视实际行为主体。② 例如，新古典经济学在阐述市场有效配置资源的理论建树时，以完全竞争、供求均衡、市场出清等为基本假设，在理论上抽象掉了生产者与消费者在现实中直接见面的过程。显然，这种舍弃生产与消费之媒介要素（流通）的分析方法，会降低商贸流通理论在经济学理论体系中的地位，使其处于从属位置并限于"黑板教学"的层面，从而招致了诸如新贸易理论、新制度经济学、新政治经济学等学术流派的批评。这是我们在梳理现代商贸流通理论时值得关注的涉及理论倾向探讨的问题。

---

　　① 17 世纪 20 年代初，英国经济学家托马斯·孟出版的将流通视为财富源泉的经典名著《英国来自对外贸易的财富》，曾致使各国政府将贸易顺差看成是对外贸易的重点。这一重商主义的代表性文献启迪了经济学家的深邃思维。古典经济学代表人物之一的大卫·李嘉图在其名著《政治经济学及其赋税原理》中所阐述的比较优势原理，为长期占据商贸流通理论的国际分工学说奠定了理论基础。

　　② 这种分析倾向明显反映在马歇尔、凯恩斯、萨缪尔森、斯蒂格利茨等大师的著作中，他们很少提到"流通"一词，也很少对商贸流通理论进行专门的论述。

严格来说，新古典经济学关于商贸流通的分析和研究，只是其理论建构中的一个不具有显著地位的铺垫。从新古典经济学的市场自动出清的理论假设来考察其有关国际贸易的分析，商贸流通一旦扩大到国与国之间，由于要素难以自由流动和供需难以自动达到均衡，该理论对国际贸易问题的解释就显得十分勉强了。面对新古典经济学所留下的这一理论缺憾，国际经济学以国际贸易为研究对象，在理论上较为系统地研究了这种被部分经济学家敏锐观察到的理论与实践的不一致。[1] 在国际经济学的体系中，无论是对传统贸易理论的"绝对比较优势"、"相对比较优势"和"要素禀赋"等的分析，还是有关新贸易理论的"规模经济"、"知识外溢"和"干中学"等的解说，都试图从理论上说明商贸流通和国际贸易对经济增长有着一定的作用。[2]

经济运行和经济发展的现实是经济学家弥补理论与实际之断裂层或间断点的原动力。就经济学将商贸流通引入理论分析而论，从微观经济学中分离出来的产业组织理论曾赋予了商贸流通在经济学中的一席之地。关于这一点，可以通过产业组织理论所包括的企业理论、规制、反垄断政策、合同理论及其与商贸流通的关联得到证实。[3] 诚然，产业组织理论以市场和企业为研究对象来研究市场的组织结构，商贸流通和国际贸易问题只是其旁及的研究领域，但该理论将生产与商贸流通融为一体的分析框架，却使主流经济学有了新的研究视角。

或许是产业组织理论启发了人们对主流经济学将商贸流通置于理论研究黑箱之片面的重新认知，新制度经济学、新兴古典经济学、区位理论与城市经济学以及产业规制理论等都从不同的角度拓宽了商贸流通

---

① 琼·罗宾逊在《现代经济学导论》一书中指出"政治经济学借以获得发展的头一个问题是国际贸易"。这可以作为佐证这种理论敏感性的文献依据。

② 国际经济学企图证实自己的理论不仅适用于国际贸易，而且也适用于一国内部不同地区间的贸易，但由于该理论与主流经济学一样忽视了国家在经济生活中的作用，它所涉及的有关经济增长的一般机制的分析结论受到了新政治经济学的批评。参见罗伯特·吉尔平《全球政治经济学》中译本的第四、五、六章中的有关论述。

③ 在阿宁德亚·森（Anindya Sen）主编的《产业组织学论文集》导言部分，作者对产业组织理论之分析范围的界定，勾勒了企业、市场与商贸流通的内在关联。当然，我们在此以产业组织理论来说明经济学世界对商贸问题的关注，一开始是侧重于解析主流经济学分析视野调整的考虑。其实，马克思在《资本论》第2卷中有关货币资本、生产资本和商品资本的划分，就已经先于产业组织理论对商贸流通与企业、市场之间关联的关注了。

理论的研究范畴,从而为解释现实世界中的商贸流通现象提供了全新的分析思路。不过,不同经济学流派有关商贸流通的理论见解存在着一定的差异,这些差异与各自的理论体系的建构有着很强的联系。本书旨在跟踪国际商贸流通理论近期进展,同时针对该领域的国内研究现状,通过对商贸流通理论的概览性描述,力图梳理出不同经济学流派对商贸流通理论的将来发展有可能产生的影响。

一、新古典范式下流通经济理论的发展脉络

新制度经济学是从交易费用视角来拓宽商贸流通的研究范围的。该学说视市场与企业为一种制度,将交易费用视为这两种制度相互替代的内生配置。这种分析视角的逻辑延伸是通过交易费用将商贸流通与生产组织放置于统一的研究框架。显然,从限制不确定性的制度安排来分析交易费用的形成和降低,离不开对商贸流通的关注。尽管新制度经济学所论证的"交易"与纯粹的商贸流通在具体含义上有一定的差异,但由于交易与流通在内涵、外延两方面存在同质性和交叉,交易费用理论在很大程度上和范围内对商贸流通及其制度安排有着一般理论意义上的涵盖作用。科斯以边际交易成本等价论证企业、市场和价格的关联,威廉姆森运用交易费用来研究产业组织特别是反托拉斯与政策的实践,其中都涉及了不同制度条件下交易成本和长期契约的形成问题,而新制度经济学的后期发展则在契约理论方面涉及了商贸流通问题。例如,部分学者曾在结合交易成本和产权的基础上研究过制度对商贸流通的影响;对交易成本的具体特征、性质和规模以及制度决定交易成本方式的分析,也涉及了制度对商贸流通的影响问题。总之,新制度经济学以及强调制度重要性的宪法经济学和公共选择理论等在论证交易成本的存在时,都在论证契约的制订、执行、调整及解决争端的规则和手段等方面,以产业组织为框架,为研究商贸流通问题提供了微观经济分析的理论基础。

以新的分析工具和理论创新而论,新兴古典经济学则为商贸流通研究提供了另一种理论依据。20 世纪 80 年代以后,以杨小凯为代表的一

批经济学家曾用非线性规划和其他非古典数学规划方法,将被新古典经济学忽视的有关古典经济学的分工和专业化思想纳入决策与均衡模型,用现代分析工具复活了古典经济学有关商贸流通的思想。杨小凯等创立的新兴古典经济学对新古典经济学舍弃商贸流通的批评,是通过分工与专业化的论证来完成的。在他们的理论体系中,商贸流通被重新纳入经济学视野,产品与劳务的交换和流通成为该理论中的重要内容。该理论将交换、贸易、批发和零售置于分工与专业化的范围进行讨论,并以理论规范的形式来研究商贸流通渠道及其演化,因而可以认为它在一定程度上和范围内为商贸流通理论的发展提供了新的分析工具和理论依据。

商贸流通的空间集聚催生了经济学的另外两个分支——区位理论与城市经济学。19 世纪 20 年代,杜能创立了旨在说明农业生产布局的农业区位理论;20 世纪初,韦伯以工业位置、交通运输成本、劳动力成本、聚集与分散的经济性等为研究依据创立了工业区位理论;克里斯塔勒从贸易角度提出了中心区位理论;廖什通过对城市功能的论证提出了中心市场理论;而糅合工业和商业从而强调区位之作用的,则是奥沙利文[①]巴顿提出了对商贸流通有直接研究价值的范围经济、密度经济等概念;针对城市内部和城市间的商品流通,戴维·F. 巴滕(David F. Batten)和戴维·E. 博伊斯(David E. Boyce)建立了涉及运输和区域间商品流通之空间相互作用的模型。经济学界的这些理论研究表明,商贸流通与生产、城市化、交通运输乃至农业发展存在着密切的关联,社会经济运行和经济发展的既定格局是理论重塑或创新的催化剂。显然,理论在创新的同时通常会引发分析范式的转变,而分析范式的转变则会诱导出新的理论。

规制经济理论拓展了对商贸流通领域的传统分析范式。以管制需要

---

① 奥沙利文认为,"城市之所以会存在,是因为个人是不能自给自足的","地区的比较优势使地区间贸易变得有利可图,所以地区间贸易促进了城市的发展。生产的内部规模经济使工厂生产商品比个人生产效率更高,所以工厂生产商品促进了工业城市的发展,在生产和市场销售上的规模经济促使城市中的公司聚集,这种群聚促进了大城市的发展"。奥沙利文有关商贸流通与城市工业集聚的分析,虽然不是对商贸流通的专论,但所涉及的零售商的销售额会随城市化推进而上升及由此产生的购物外在性的相关论述,却通过商业聚集的分析丰富了商贸流通理论。

论(helping-hand view)为学术背景的庇古、施莱费尔和维什尼，认为非管制会存在经常性的市场失灵，以商贸流通而言，这种失灵有可能在垄断和外部性两方面得到反映，如果缺乏管制，商贸流通领域或多或少也会出现紊乱。以管制限制论(grabbing-hand view)为学术背景的施蒂格勒和德·索托则认为，管制是流通商贸业运行和发展的需要，设置一些进入壁垒是有必要的。撇开这些经济理论观点的正确性，它们在管制层面上关于商贸流通有必要进行规制的分析和研究，倒是在一定程度上发展了现代商贸流通理论。作为对政治交易成本理论的一种补充，德·索托延伸或发展了商贸流通理论，认为政府的管制行为中存在着以机会主义为特征的官僚主义，政客为争取选票的机会主义行为既有可能发生在自然垄断产业，也有可能发生在商贸流通产业；施莱费尔和维什尼曾对许可证及其管制问题进行过研究，他们对商贸流通领域的理论见解也有着值得进一步分析的价值。在笔者看来，将规制分析引入商贸流通领域，无疑是将该领域的研究向前推进了一大步。

近几年来，有关商贸流通的产业组织研究在分析方法的改进上也有所发展，泰勒尔、鲍莫尔、斯宾塞等人关于产业组织运行分析所运用的各种博弈模型，虽然着重点是分析企业之间不同行为对产业组织的影响，但采用这种博弈论、计量经济学和信息经济学的研究方法对商贸流通产业的内部治理与外部环境的研究，存在着借鉴的价值。众所周知，一些商贸流通专家开始运用博弈论和信息经济学的分析范式来研究商贸流通中的组织结构及其功能，并且将这一研究成果运用于国际贸易问题。产业组织理论的普适性对商贸流通相关机制的揭示有着较强的启迪作用。贝恩在研究产业进入的政府管制时的某些分析结论，启发了商贸流通理论对政府是否有必要对流通产业实施管制的思考；斯蒂格勒关于在位者与进入者之间成本和信息不对称的分析，也在很大程度上启发了商贸流通理论将信息不对称理论运用于分析研究之中。诚然，较之于产业组织理论，现代商贸流通理论尚未形成一个严谨的理论体系，即有关国内贸易和国际贸易的研究还没有构建出一个完美的理论大厦，但该理论在吸取其他经济理论关于商贸问题研究的同时,也在不断地完善着自己的理论体系,这一点则是可以肯定的。

二、国内流通经济理论的研究历史及其脉络分析

中国封建社会 2000 多年的文明史在商业文化上的反映,集中体现为"崇本抑末"、"重义轻利"的思想理念。[①] 这种理念的核心是要求国家对商业活动采取限制政策。改革开放以前,马克思经典著作《资本论》有关"流通部门只是帮助生产部门实现价值而其本身并不创造价值"的思想,一直影响着中国的经济理论界和政府的宏观经济政策。概括而言,那时的经济理论研究一直把流通视为政府"供给部"的纯粹消耗部门,宏观经济政策以"重生产,轻流通"为基调。随着改革开放的深入,这些思想理念逐步得到了纠正,市场经济确立了"现代商贸流通必须耗费和占用一定社会劳动"的理念。20 世纪 80 年代初期,孙冶方等老一辈经济学家对"无流通论"进行了理论性批判,当时的理论争论聚焦于生产资料的商品属性、商品流通渠道的市场性解释、商贸流通要不要追求经济效益、"双轨制"下市场商业理论的构建、价格改革与商贸流通的关联以及商品流通体制的改革。到了 90 年代,我国经济理论界的研究重点转向批发市场的体制改革,一些学者讨论了商业文化及其价值、商业贡献及其价值以及外资进入等问题。不过,迄今为止,我国经济理论界有关商贸流通在国民经济中的具体定位仍然存在着不同观点。

我国经济体制改革的市场化取向使商贸流通领域发生重大变化,以所有制为核心内容的产权制度及其结构的变化,在形成流通主体多元化格局的同时,也使商贸流通在产权民营化过程中成为比重最大的行业。

---

① "崇本抑末"亦称"重农抑商",始于春秋,基本完备于汉。这一思想的宗旨是重视农业,以农业为立国之本,而认为工商业是有害的"末业"而应加以限制。"崇本抑末"作为一种经济思想文化,先后经管仲、商鞅至韩非,成为一种较为完整的思想体系。"义"和"利"本来是统一的,但春秋末的儒家代表孔子却把两者对立起来,战国时的孟子更提出"仁义而已矣,何必曰利"(《孟子·梁惠王上》)。西汉的董仲舒进一步发展了孔、孟的"义利观",认为"正其谊不谋其利,明其道不计其功"(《汉书·董仲舒传》)。

从产品的经营来说,除粮食、棉花、烟草、盐以及少数实行国家定购、委托收购或国有公司专营的消费品外,绝大部分商品的流通均是通过市场来完成的;以价格的形成机制来讲,除少数重要商品由国家定价或提供指导价外,90%～95%的商品价格由市场供求关系决定;就商贸渠道和业态的变化而论,商品流通的多渠道、少环节、开放式营销渠道已逐渐形成,超市、便利店、专卖店、电子商务等多种业态并存的格局基本确立。随着全面融入 WTO,我国商贸流通的投资体制及其市场构成也发生了变化,国内多渠道的投融资及跨国公司在华投资额的上升,使得商贸流通领域的资本、土地、劳动力等要素的市场网络以及与此相对应的股票期货市场迅速发展,与此同时,国家的宏观调控方式已基本完成由行政干预向市场调整的转变,越来越多地运用经济手段和杠杆来调节商贸流通领域的市场需求。[①] 不言而喻,我国商贸流通领域的变化促使了经济理论界将研究视角拓展到更为广泛的区域,其研究热点也逐步逼近到同现实相一致的对象上来。

　　商贸流通环境的变化引发宏观研究视角的转变。这种转变突出表现为对商贸流通地位的研究已突破了过去仅局限于流通和生产的争论,研究中心是把商贸流通放置于整个产业运行之中,以求解决商贸流通在宏观经济领域中的学理问题。与此相对应,一些学者围绕商贸流通的宏观和微观基础的重塑问题进行了讨论,这些讨论涉及市场的流通体制,以及国内外环境及其游戏规则对批发业、零售业、仓储业在体制安排和具体运营上的要求,从而对我国商贸流通的制度安排及其设计、内外贸一体化战略的构建、电子商务与现代物流等问题提出了一系列构想。具体落实到商贸流通的绩效度量和评价,另一些学者从内外环境变迁的角度对市场结构展开了解析,他们运用诸如集中度指数、产业内利润、规模分布等指标来评价商贸流通之产业组织现状的优劣,并且运用综合生产要素生产率(total factor productivity)对商贸流通产业的增长贡献进行

　　① 关于我国政府在商贸流通领域的政策变化及其对这些政策变化的评论,详见刘国光:《先导产业:流通产业的转化目标(代序言)》,《中国商业理论前沿Ⅱ》,北京:社会科学文献出版社,2001年:第 1-4 页。

了分析。值得说明的是，运用综合生产要素生产率来测度我国商贸流通的增长情况，表明理论界对商贸业产出增长主要依赖于要素投入的重视，而这种重视则反映了理论研究开始关注商贸流通领域制度安排创新的规则及其手段，并且将这一重视放在对技术和规模水平的分析与研究之中。

商贸流通适应改革的制度创新需要随环境的变化而变化，经济、政治和社会游戏规则的各种规定性，在很大程度上决定着商贸环境必须随之实现适应大环境变化的重塑，理论研究必须重视不同制度之间的动态平衡。基于几十年来的历史变革，我国商贸流通高速成长的制度创新有着不同于他国的机制特征，这种制度创新所伴随的商业管理创新①及技术创新（POS 系统、EDI 系统）等，会体现在商贸流通运行的各个层面。客观地说，我国学者关于制度创新的分析和研究涉及了如何降低商贸流通中的宏观交易成本问题，中观目标中的商业主体之间的交易关系、交易方式、流通模式、商业组织、零售业态、商业文化等问题，微观目标中的组织体系的有效性、高效性和适应性等问题。以我国的实际来说，我国学者开始更加强调市场、政府和传统文化对制度创新的合力作用，强调市场机制是创新的主要动力，强调政府在商业制度创新过程中应该扮演舵手的角色。以此而言，我国学者的理论研究是考虑到国情的。

关于商业模式及其价值评估的研究，从企业从事某一领域经营的市场定位和赢利目标来进行研究，应该说是扣住了问题分析的主线，主张从满足目标顾客主体需求而采取一系列整体的战略组合来解决商贸流通领域中所存在的问题，不失为一种值得考虑的对策。目前，国内偏好于从商业业态来找寻商贸流通模式的运作机制，相关学者或从零售轮定律②和

---

① 商业管理创新的机制及其表现形式可参阅威廉姆森：《现代公司：起源、演进、特征》，《经济学文献》，1981 年第 19 期。

② 该定律由美国哈佛商学院零售专家马尔科姆·P.麦克尼欧创立，他认为新旧零售业态的变革与交替具有周期性，似车轮旋转一样发展变化，最明显的标志是商品价格的"低—高—低—高"的变化。

手风琴定律①,或是从自然淘汰定律②、辩证发展定律③和生命周期定律④
等来划定研究对象与范围。同时,也有学者专注于电子商务、特许连锁、供
应链等具体商业模式之运作机制的研究,这些研究促使商业业态向虚拟性、
经济性和便利性等方面发展,改变了营销服务的研究对象,从而在理论上重
新定位了商业品牌价值的学理,并由此对商业中介组织的转变做出了符合
实际的推论。至于对物流管理的研究,学术界在 20 世纪 90 年代初期探讨
了商贸流通中供应链管理与传统物流管理的区别,这个问题的研究具有一
定的学术价值,使我们看到国内学者已将克里斯蒂安·贝奇特尔(Christian
Bechtel)和贾亚思·杰亚拉姆(Jayanth Jayaram)有关"功能、关联、物流、信
息"等四大学派的供应链理论运用于当代中国。当然,我国的情况并不一
定适合于该理论的具体运用,但糅合西方理论与我国的实际,则反映了国
内经济学界研究视域的扩大,体现了学术界对商贸流通研究的深入。

　　针对流通产业低进入壁垒所导致的经济学意义上的源自集中度的
垄断现象,有学者担心随着跨国公司的大举进入,在流通领域会出现自
然垄断(何大安,2006a),而防止流通产业的过度进入有必要实施一定范
围的管制。目前,我国商贸流通产业的现状一方面是低进入壁垒导致低
市场集中度和过度竞争,另一方面是地方行政垄断造成异地市场的高进
入壁垒,其结果是排斥地区间的正常竞争、分割市场、具备强制性和保守
性特征的封闭环境。于是,一些学者对政府宏观调控政策导向和企业或
行业的自律等问题进行了研究,认为政策导向失当和企业行为紊乱会妨
碍商业资源的合理配置,在我国流通领域产生垄断现象的主要原因来自
行政权力。政府产业管制的行为选择涉及政府有限理性的约束,自然垄
断的物质性所规定的政府产业管制在强化自然垄断企业的规模经济、递
增规模技术报酬、成本劣加性等特征的同时,也会在制度安排上削弱市场

---

　　①　该定律用拉手风琴时风囊的宽窄变化来形容零售业态变化的产品线特征,即专业化与综
合化互为主导,也互为补充。
　　②　该定律为达尔文优胜劣汰理论的直接运用,其核心思想是零售业态的变化发展必须要与
社会环境相适应。
　　③　该定律首先由美国零售专家吉斯特提出,后得到马罗尼克和沃克的确认,其核心观点是零
售业态发展也符合"从肯定到否定,再到否定之否定"的变化规律。
　　④　该定律认为零售业态包括革新期、发展期、成熟期和衰落期。

机制的作用,从而形构了产业自然垄断的格局(何大安,2006b、2006c)。

三、深化流通经济理论研究的几点思考

国内学者关于商贸流通的分析和研究,存在着以下可观察到的倾向。

第一,重实践,轻理论。基于此,笔者认为深化商贸流通理论的研究必须借鉴西方经济理论的研究方法,通过对中国流通领域的经验观察,在理论上总结和概括出一个适合于解释中国商贸流通实际的理论体系。

第二,对市场结构分析有余,对企业行为分析不足。其实,注重企业间有效竞争和注重最优市场绩效之市场结构的研究,离不开对企业行为的研究。现代流通产业是企业和市场相混合的治理结构,契约的实质是市场、企业和价格之间的关联。仅仅关注市场结构而忽视企业行为及其与价格之间的关联,会淡化对交易成本、逆选择和机会主义行为的研究。

第三,对流通产业组织的分析偏重企业规模、数量以及流通模式、商业组织、零售业态等,而没有依据转轨经济的特点对市场紊乱现象背后的机制做出分析。中国目前的流通市场治理结构的特征是什么?产权国有的流通产业的委托代理关系究竟应该如何处理?面对外资的全面进入,究竟需不需要对流通产业实施一定程度的管制,如何管制?针对现行的流通管理体制如何进行创新?这些问题,值得深入研究。

第四,对中国流通产业所暴露出来问题的分析局限于经济运行领域的现象研究,未能对影响流通产业的政治经济环境及传统文化、伦理、习俗等非正式制度安排进行分析。因此,现有的关于商贸流通的分析和研究通常集中于纯经济分析层面,谈不上深入而系统。

鉴于商贸流通研究的以上情况,笔者以为要完善该领域的理论研究,一是要在结合中国实际的基础上运用西方经济理论的分析方法,注重本土情况的分析,寻找中国流通产业特有的经济变量来拓展流通经济学研究的范围,建立起符合国情的市场竞争和产业组织理论;二是要关注流通制度环境创新、商业管理制度创新、流通组织制度创新、流通产业政策体系创新和管制制度创新的研究,使得新的商贸流通理论只是在形式上类似于西方经济理论而在内容上有别于西方经济理论。

第二章
流通产业区域规模变动和市场结构治理

流通产业的区域规模变动涉及该区域的商业网点、仓储布局、要素流动、运输路线和商业业态规划等内容。这种变动会伴随以经济活动向心力和离心力为内容的竞争与垄断,我们有必要对直接构成竞争与垄断基础的厂商投资选择和消费者消费选择展开分析。流通产业区域规模的变动,一方面涉及厂商投资选择的利润预期、交易费用、运输费用及规模报酬等价格因素,另一方面涉及流通产业提供给消费者商品和服务的前向关联,以及制造业提供给流通产业商品量的后向关联。

一、流通产业区域规模变动的微观机制解释

在经济研究的许多领域中,现代经济学越来越不赞成新古典经济学把理性经济人、完全市场竞争和规模收益不变等作为基本假设,而主张以不完全市场竞争和规模报酬递增为分析前提。这一分析前提的确立,使新古典经济学经过充分论证的包含着社会福利均衡的一般均衡理论受到了普遍的质疑。就经济活动的空间集聚和区域增长集聚的动力分析而论,假设前提的变化会使得对现实竞争和垄断背景下厂商投资选择的分析视角出现改变。现代经济学认为,经济活动集聚的向心力和经济活动分散的离心力不仅会导致竞争和垄断,而且会导致经济活动越来越受区位(location)和场所(place)的制约。① 现代经济学运用不完全市场竞争和规模报酬递增作为分析前提，反映了其在分析方法上已不再把投资者看成是纯粹的理性经济人。

世界经济的产业内贸和外贸、地区专业化和经济增长的全球一体化，催生了新贸易理论和新增长理论。新贸易理论所揭示的地区专业化、贸易机制与新增长理论所阐明的无限增长原理以及传统经济地理学有关集聚现象的描述，在很多方面具有相似性，这种相似性使得空间因素成为这些理论的共同点。然而，新贸易理论对市场结构的解说，局限于国家间市场大小不同的分析框架，并没有说明以下问题：为什么会出现市场的大小差异？为什么原本非常相似的国家会发展出非常不同的生产结构？为什么一个部门的厂商趋向于集聚在一起以至于出现地区专业化？在这方面，新增长理论对投资促进长期增长的时间动态机制（循环累积因果关系的时间版本）做出了一定的解释，但它没有涉及要素流动，没有对循环累积因果关系的空间版本（集聚现象）做出解释。也就是说，该理论对经济发展的空间演化的描述是不到位的。

针对新贸易理论和新增长理论的不足，经济理论的研究视阈开始扩展到经济地理学领域。克鲁格曼、藤田、维纳布尔斯以迪克西特和斯蒂格利茨的垄断竞争模型（简称 D-S 模型）②为基础，用不完全竞争、报酬递增和市场外部性等理念构建了新的经济地理模型，这些模型将空间因素纳入了西方主流经济学的分析框架，使经济地理学的一系列原先不能

---

① 20 世纪 80 年代末以来，以克鲁格曼为代表的新经济地理学认为，由于地理环境、要素禀赋、技术或政策等因素在各地区具有不同特征，可以把经济活动空间的差异理解为"第一性因素"，可以把类似于缪达尔提出的"循环积累因果关系"（circular causation）的正反馈（positive feedback）效应，以及报酬递增作用下促进的集聚优势称为"第二性因素"。新经济地理学的理论贡献在于，运用新的分析工具对循环因果机制进行了主流经济学所倡导的形式化处理，并以此来解释产业集聚的形成。例如，克鲁格曼就曾把这种正反馈效应以及相应的报酬递增作为解释产业集聚的重要依据（Krugman，1991）。

② 在引入报酬递增和不完全竞争的分析中，D-S 模型为解决复杂的经济地理问题提供了一个值得重视的分析框架。假定存在足够强的规模经济，任何厂商都会选择单个区位来为一国的市场提供服务。厂商为使运输成本最小，无疑会选择当地需求足够大的区位进行投资。因此，在没有外部扰动的情况下，一旦某个特定的产业带形成，就会出现布赖恩·亚瑟所描述的产业集聚路径依赖（path-dependent）的持续循环。从贸易获得的累积循环的好处来考察，新经济地理学采用报酬递增和不完全竞争假设来分析产业集聚，的确取得了很大的进展（刘安国、杨开忠，2001）。

模拟而不被主流经济学家接受的核心思想得到了某种程度的正式认可。新经济地理学运用主流经济学分析方法来研究空间因素的作用，将经济地理学纳入主流经济学，实现了主流经济学向空间分析维度的扩展。[①]在笔者看来，这些扩展给我们分析流通产业区域规模变动提供了一些理论指导。

流通产业区域性规模的变动是产业空间集聚的向心力和离心力作用的结果。厂商投资选择受制于利润预期、交易费用、运输费用及规模报酬等价格因素，会致使原本在资源和地理位置等方面非常相似的地区出现非常不同的生产结构，而生产结构的差异会导致厂商集聚在某一特定地区，以至于形成产业的地区专业化。新经济地理学的上述分析结论，也适合对流通产业区域性规模变动的解释。不过，我们运用以上观点来解析流通产业区域规模变动，不能局限于"经济体如何通过几种可能的地理结构来选择空间均衡"，而是要注重分析流通厂商空间布局的特殊性。事实上，运输成本、交易费用、人口流动以及由此形成的商业中心向外围扩张等现象，对流通产业区域规模变动都具有不同于非流通产业的影响，因此，我们探讨流通产业区域规模变动的形成机制，关注点应放在非地理因素上。基于流通厂商和消费者的选择行为是最直接影响流通产业区域规模变动的因素，我们可考虑在规模报酬递增的分析前提下，将流通厂商和消费者的选择行为作为主要分析内容。

新经济地理学有关经济活动空间集聚的分析，曾采用了模型化策略。例如：迪克西特-斯蒂格利茨在1977年依据钱伯林的垄断竞争思想建立了垄断竞争模型；藤田、克鲁格曼和维纳布尔斯提出过使新经济地理学克服了技术难题的 D-S 模型、冰山成本理论、演化和计算机模型等。然而，新经济地理学将规模报酬递增、不完全竞争、固定比例的运输

---

① 经济地理学的研究者在基于理想的完全竞争市场结构的分析前提下，很难把经济地理学纳入到主流经济学中去，因为这种分析前提所规定的建模技术方法难以说明市场结构的现实性。现实的市场结构既是产业空间集聚的原因，也是产业空间集聚的结果，重视经济活动的地理结构和空间分布，必然会关注产业集聚的向心力和离心力，这是新经济地理学有别于传统区位论和经济地理学的地方。

成本、过程演进性等引入模型，是偏重通过价格因素来研究产业的区域规模变动，对于投资者和消费者的行为方式如何影响产业的区域规模变动，只是在梗概的理论层次上通过产业的前向关联和后向关联予以描述。其实，产业的区域规模是扩大还是缩小，是厂商投资选择和消费者消费选择的结果，我们应该将它们看成产业前向关联和后向关联的具体行为方式，在展开理论分析时，可以把产业区域规模的变动理解为投资选择和消费选择的函数。

流通产业的区域规模变动受厂商投资选择和消费者消费选择的影响十分显著。关于投资选择和消费选择对产业空间集聚影响的分析，新经济地理学曾运用"中心—外围"模型，对市场规模与区域产业范围之间的循环关系展开过讨论，并在此基础上建立了以两地区、两部门和两要素为考察对象的一般均衡分析框架（Krugman，1991）。其引入了报酬递增、人口流动和运输成本等因素，依据产业间的前向关联和后向关联的原理，对相同外部条件地区的制造业为何集中在发达地区而不集中在欠发达地区的情况进行了研究。但由于流通产业与制造业的前向关联和后向关联有着一定的差别，因而这些研究成果只是部分适合于对流通产业区域规模变动的解释。当我们把流通产业区域规模变动理解为投资选择和消费选择的函数时，流通产业的前向关联和后向关联便有可能在理论上得到接近现实的说明。

本章针对流通产业区域规模变动的现状，构建了制约流通产业区域规模扩大和缩小的投资选择函数与消费选择函数，并依据这两个函数对流通产业的区域性规模变动展开理论分析，目的在于说明流通产业前向关联和后向关联不同于非流通产业。也就是说，较之于其他产业，流通产业的前向关联和后向关联有着特定的机制。

二、投资选择函数和消费选择函数之概析

厂商在某地区投资规模的扩大和缩小，通常受制于以下因素：预期投资收益、周边商业布局、制度环境、竞争和垄断程度、运输成本,等等。① 从高度抽象的层次上来看,预期投资收益涉及流通厂商能否按期望的价格把商品和服务出售或提供给消费者,周边商业布局关系到消费者的消费行为在空间上的变化,制度环境会影响厂商投资于百货、物流、连锁和仓储等具体项目的利润实现。至于竞争和垄断程度以及运输成本等,既是预期投资收益、周边商业布局和制度环境的影响因素,也是预期投资收益、周边商业布局和制度环境的结果。以厂商在某地区投资规模的扩大和缩小而言,如果用 X 表示流通厂商的投资选择函数,用 X_1、X_2、X_3、X_4、X_5 依次表示预期投资收益、周边商业布局、制度环境、竞争和垄断程度、运输成本,则投资选择函数可表述为: $X = F(X_1, X_2, X_3, X_4, X_5)$。

当我们将流通厂商的投资选择函数定义为(一次)齐次函数并从纯理论的意义上来进行解析时,有关它的定性分析,可依次围绕 X 对 X_1、X_2、X_3、X_4、X_5 的偏导数来展开。如果所有的偏导数都大于零,那么厂商投资选择针对函数 X 的任一变量都是增函数;如果偏导数中的一部分大于零而另一部分小于零,则表明厂商投资选择只是对一部分变量是增函数而对另一部分变量是减函数。至于这些增函数和减函数的各种不同组合所反映出来的函数特征,可依据对这五个偏导数的排列组合进行分析。总的来说,我们分析这些偏导数大于零和小于零的情况越详尽,对流通厂商投资选择函数的理解就越深刻。关于流通厂商投资选择函数的定量分析,可考虑将其描述为 $X = a_1 X_1 + a_2 X_2 + a_3 X_3 + a_4 X_4 + a_5 X_5 + \varepsilon$ 的计量方程。现有的文献尚没有涉及这方面的研究。对这个计量方程的待定系数进行回归分析的困难,来源于对 X_1、X_2、X_3、X_4、X_5 的统计数据的搜集整理。显然,这里关于 $X = F(X_1, X_2, X_3, X_4, X_5)$ 的定性分析和定量分析的思路,有助于我们在理论上扩大对流通厂商投资选择函数的研究范围。

流通领域的消费选择函数是针对消费者行为及其特征而言的。消

---

① 考虑到这些因素都涉及交易费用,我们在这里没有把交易费用作为一个独立变量来处理。

费选择函数(Y)通常取决于以下因素：收入水平(Y_1)、商品和服务价格（Y_2）、消费偏好(Y_3)、消费结构变动(Y_4)，等等。消费选择函数可表述为：$Y=G(Y_1,Y_2,Y_3,Y_4)$。对于流通产业区域规模变动的理论研究而言，我们同样可以对消费选择函数展开类似于投资选择函数的分析，即定性分析可依据 Y 对 Y_1、Y_2、Y_3、Y_4 的偏导数来展开，定量分析可依据计量方程 $Y=b_1Y_1+b_2Y_2+b_3Y_3+b_4Y_4+\varepsilon$ 来展开。基于这两大选择函数具有同质性，我们研究流通产业区域规模的变动，首先有必要对这两大选择函数做出定性分析，以便在后续研究中逐步开展和完善对这两个函数的定量分析。

关于 X 对 X_1、X_2、X_3、X_4、X_5 偏导数的定性分析，我们可以在不考虑其偏导数小于零的情况下，选择性地依据 X 对某一变量的偏导数大于零的情形，来考察流通产业区域规模变动中的厂商投资选择的前向关联和后向关联。例如，投资选择(X)对该区域的周边商业布局(X_2)的偏导数大于零，说明厂商在该区域的投资选择已出现争夺制造业供应资源和物流运输资源的后向关联；再例如，投资选择(X)对该区域的预期投资收益(X_1)或对制度环境(X_3)的偏导数大于零，说明厂商在该区域的投资选择已出现争夺商品市场的前向关联。竞争和垄断程度(X_4)的范围较为广泛，既包括对制造业供应资源和物流运输资源的争夺，也包括对商品市场的争夺。因此，当投资选择(X)对 X_4 的偏导数大于零时，我们可以将其看成是厂商在该区域投资选择的后向关联，也可以将其看成是厂商在该区域投资选择的前向关联。

如果我们能够对方程 $X=a_1X_1+a_2X_2+a_3X_3+a_4X_4+a_5X_5+\varepsilon$ 进行计量回归，那么，流通厂商投资选择的前向关联度或后向关联度的高低问题，实际上就是计量回归所显现的 X 与 X_1、X_2、X_3、X_4、X_5 是否显著相关的问题。从这个意义上来理解，如果 X 对 X_1、X_2、X_3、X_4、X_5 各变量的偏导数小于零，我们能不能就认为流通厂商的投资选择出现了负前向关联或负后向关联呢？当然，这样的结论只是一种定性分析的推理，并不是建立在数据资料支持基础上的实证分析结论。在这里，我们发现在定性分析与实证分析之间往往存在着以下情况：针对经济现象所得出的符合实际和逻辑的某些定性分析结论,由于存在数理分析工具障碍而得不到定量分析的证明。很明显,这种情况在流通厂商投资选择函数的定性分析和定量分析上,就表现得十分明显。

消费选择函数与投资选择函数在定性分析和定量分析的某些方面很相似。从以上的分析内容来看,只要以 Y 及其相应变量来代换 X 及其相应变量,基于我们对消费选择函数的理解,就可以在偏导数和计量回归方程上得出与投资选择函数相类似的分析结论。不过,由于消费选择函数的行为主体是消费者,尽管消费行为会影响厂商的投资选择从而影响到流通产业区域规模变动,但 Y 之于 Y_1、Y_2、Y_3、Y_4 的偏导数,以及计量回归方程 $Y = b_1 Y_1 + b_2 Y_2 + b_3 Y_3 + b_4 Y_4 + \varepsilon$ 所反映的,主要是厂商投资选择的(厂商与消费者)前向关联,而很少涉及后向关联。因此,我们从前向关联来研究流通产业区域规模变动时,要关注投资选择函数和消费选择函数的交叉,这种交叉关系很复杂,我们的研究是从 $X = F(X_1, X_2, X_3, X_4, X_5)$ 与 $Y = G(Y_1, Y_2, Y_3, Y_4)$ 的联系着手,还是从 $X = a_1 X_1 + a_2 X_2 + a_3 X_3 + a_4 X_4 + a_5 X_5 + \varepsilon$ 与 $Y = b_1 Y_1 + b_2 Y_2 + b_3 Y_3 + b_4 Y_4 + \varepsilon$ 的联系展开,这是一个值得探讨的问题。

有必要再次指出,流通产业区域规模的变动,通常反映在该区域的商业网点、仓储布局、要素流动、运输路线和商业业态变化等方面。新经济地理学曾从产业空间集聚的向心力和离心力、产业集聚的地区专业化以及商业中心向外围扩张等来解释产业区域规模的变动。诚然,这些解释在一定程度和范围内适合于流通产业,但问题在于,流通产业的前向关联和后向关联所呈现的竞争与垄断,体现在生产和消费两大领域。如果我们像新经济地理学那样主要局限于生产领域来考察产业的空间集聚,那么,我们对流通产业区域规模变动的前向关联和后向关联的分析实际上是不涉及或较少涉及消费领域的一种专门对制造业产业链的研究。显然,这种研究只需要像新经济地理学那样,关注影响厂商投资选择的利润预期、交易费用、运输费用及规模报酬等价格因素就够了。也就是说,只需要关注制造业的产业链的前向关联和后向关联,只需要关注引致产业空间集聚的投资选择函数就够了。在我们所接触的理论文献中，西方产业组织理论很少对流通产业组织进行专门的研究，在这样的理论安排中，自然就没有针对流通产业的消费选择函数的位置了。

从 $X=F(X_1,X_2,X_3,X_4,X_5)$ 和 $Y=G(Y_1,Y_2,Y_3,Y_4)$ 两个函数的变量来看，流通产业依赖制造业提供商品的后向关联，可以通过厂商的投资选择函数来解说，但流通产业提供给消费者商品和服务的前向关联，既可以通过投资选择函数来解说，也可以通过消费选择函数来解说。以下的分析将表明，流通产业区域规模的扩大或缩小，既是流通厂商投资选择的结果，也是消费者消费选择的结果。因此，我们从投资选择和消费选择的双重视角来分析流通产业区域规模变动，或许能从流通产业的空间集聚，探寻到一些新的理论认知的路径。

三、流通产业区域规模变动中的消费选择制约

流通产业区域规模的扩大或缩小，是针对某一地区的商业网点、仓储、物流和商业业态等变动而言的。笔者在前期的研究中，曾把制造业供给流通产业的产品量以及流通产业提供给消费者的商品和服务，理解为流通产业与制造业的后向关联和流通产业与消费者的前向关联，将某区域单个流通厂商的这种后向关联与前向关联的数量比值，以及某区域所有流通厂商的这种后向关联与前向关联的数量比值，解说为单一关联比值和综合关联比值，并在理论上运用这两个比值度量指标，解析了流通厂商投资选择对某区域商业中心形成的作用过程（程艳，2011）。不过，前期研究主要是指出了这两种关联的存在，并没有从投资选择函数和消费选择函数的视角来分析流通产业区域规模变动。同时，前期的研究没有对消费选择如何影响流通产业区域规模变动进行专门的分析。因此，本部分以投资选择函数和消费选择函数为分析基点，并将分析重点放在消费者行为上，可看成是对前期研究的一种分析延伸。[①]

---

① 行文至此，有必要对本书作为分析基点的投资选择函数和消费选择函数给出以下说明：这两个函数是针对流通产业的行为主体而言的，这些主体只是具有影响流通产业区域规模变动的行为内涵规定，其具体内容并不包括所有生产性和非生产性的投资与消费。也就是说，这两个函数的外延要小于西方经济学通常意义上的投资选择函数和消费选择函数。

在投资选择函数 $X = F(X_1, X_2, X_3, X_4, X_5)$ 中,流通厂商在某一区域投资最主要的动机和目的,是希望取得预期投资收益(X_1);流通厂商对制度环境(X_3)和运输成本(X_5)的关注,通常会从(交易)成本控制角度,对是否要在该区域进行投资形成认知。如果某流通厂商在该区域已有一定的商业布局,便可以依据前几年的经营数据对 X_1、X_3、X_5 进行数量分析;如果某流通厂商在该区域没有经营项目而准备在该区域进行商业布局,则可以利用在该区域有商业活动的同类厂商的经营数据,或通过市场调研取得的数据对 X_1、X_3、X_5 进行数量分析。如上所述,这种分析可以分别用求偏导数和计量回归两种方法。分析困难来源于样本数据搜集的困难。就 X_1、X_3、X_5 样本数据的搜集而言,困难主要发生在制度环境(X_3)的数据搜集上。不过,在不考虑人文环境和非经济性政策等制度因素的情况下,厂商还是可以通过诸如税收、信贷及土地使用等价格数据资料,对制度环境展开数量分析。至于周边商业布局(X_2)、竞争和垄断程度(X_4),则可以通过某类商品和服务经营的集中度指标来展开数量分析。

对投资选择函数 $X = F(X_1, X_2, X_3, X_4, X_5)$ 的某一变量进行求偏导数的经济分析,可以帮助厂商在进行投资选择时认识特定变量的边际变动趋向;对 $X = a_1 X_1 + a_2 X_2 + a_3 X_3 + a_4 X_4 + a_5 X_5 + \varepsilon$ 的计量回归分析,可以帮助厂商在进行投资选择时观察各个变量之间的相关性和协同性等。例如:X 对 X_1 的偏导数大于零,表明投资的边际收益递增,这会驱动厂商在该区域进行投资或继续进行投资,反之亦然;如果各变量之间具有较高的相关性或协同性,厂商应该要对影响投资选择的各变量之间的关系做出细致的分析,以决定是否在该区域进行投资或继续进行投资,反之亦然。流通产业在某区域规模的扩大和缩小,是由前期的投资量决定的(规模缩小可视为负投资所致);而前期投资量的大小,则可以通过厂商的投资选择行为得到解释。当然,我们运用投资选择函数对某区域流通产业的规模扩大和缩小的解释具有高度的抽象性,但如果我们能够利用实际数据对这些变量求偏导数和计量回归,这种分析方法便能得到具体的运用。

在包括生产性消费和非生产性消费的一般均衡分析框架内，一国在某一时期或在某一年度的均衡投资总量的大小是由该时期或该年度的消费总量决定的。这个观点是经济学世界否定萨伊定律而取得共识的主流观点。一方面，流通领域的消费不包括生产性消费，它只是最终消费或非生产性消费。因此，我们难以依据现实中的业态、业种、阶段、地域等标准对流通产业进行细致的划分，很难依据以上不同标准来刻画流通产业的消费选择函数。① 另一方面，由于流通领域的消费选择函数只是一般均衡消费函数的一部分，这就是说，影响消费选择的变量有自身的规定性，流通领域的消费选择函数也有着自身的规定性。对于这些规定性的解读，有助于我们说明某区域流通产业投资规模的变动，从而有助于我们说明流通产业区域规模的变动。

消费者的收入水平（Y_1）、商品和服务价格（Y_2）、消费偏好（Y_3）和消费结构变动（Y_4）这四大变量，对流通产业区域规模变动的影响是通过消费者选择行为传递的。这种传递作用既可以像前文分析投资选择函数那样运用求偏导数和计量回归分析来解释，也可以结合流通厂商的前向关联和后向关联，运用笔者前期探讨过的单一关联比值和综合关联比值来做出解释（程艳，2011）。但这里要重点探讨的是，在某区域的商业、物流和仓储等尚未形成集中度、正在形成和已经形成集中度的不同情形下，消费选择如何与投资选择一起共同影响该区域流通产业的规模变动。很明显，某区域商业、物流和仓储等的经营集中度，是源于激烈市场竞争中那些拥有规模经济实力的流通厂商能比其他厂商以较低成本提供商品和服务。消费者的消费选择行为对流通产业区域规模变动的影响，在商品和服务经营集中度尚未形成和已经形成的情况下是不同的。

在流通产业的商品和服务的经营集中度尚未形成的情况下，厂商在某区域的投资选择，尽管会受到该区域的地理位置、土地价格、人口密度

---

① 例如，百货商店、连锁超市、仓储等的业态标准既不同于生产资料和生活资料的业种标准，也不同于零售到批发的阶段性或内贸和外贸的地域性标准，因而我们很难按这些不同标准来归纳出流通产业统一的消费选择函数。但是，如果只从商品和服务的最终消费来刻画消费选择函数，那么，我们在考察流通产业区域规模变动时便可以不考虑业态、业种、阶段和地域等标准的约束。

及其需求、要素流动性、运输费用、当地历史文化以及相应制度安排的影响,但厂商因投资选择所引致的区域规模变动,最终都要受到消费选择函数的制约。① 这是因为,无论是土地价格、人口密度及其需求,还是要素流动性和运输费用,都是由消费选择函数的相关变量决定的。在不完全竞争条件下,当某流通区域的商品和服务的经营集中度尚未形成时,价格因素会制约某区域的消费者购买流通厂商提供的商品和服务的数量。而当这一数量低于制造业厂商向流通厂商提供的商品和流通厂商自身所能提供的服务量之和时,尤其是这种数量比例关系在某区域和某时期出现趋势化现象时,该区域的流通产业规模在该时期便会出现缩小的情况;反之,则该区域的流通产业规模在该时期便会出现扩大的情形。

在不考虑商品和服务质量的情况下,某区域居民的收入水平(Y_1)及商品和服务价格(Y_2),与该区域流通产业规模大小有着显著的相关性:在流通产业的商品和服务的经营集中度尚未形成的背景下,如果收入水平高,该区域流通产业的规模便有着扩大的趋向,而如果商品和服务价格高,该区域流通产业规模的扩大便会受到抑制,反之则反是。像收入水平和商品服务价格一样,消费偏好(Y_3)和消费结构变动(Y_4)与流通产业规模变动也存在着类似的相关性。不过,消费偏好和消费结构变动对流通产业区域规模变动的影响并不像收入水平与商品服务价格来得那样直接、迅速,而是间接和缓慢的。假如我们能够搜集某区域流通产业 Y_1、Y_2、Y_3 和 Y_4 在某时期内的数据资料,对 $Y = b_1 Y_1 + b_2 Y_2 + b_3 Y_3 + b_4 Y_4 + \varepsilon$ 进行回归分析,那么,我们便有可能对以上观点做出实证性的论证。

在流通产业的商品和服务的经营集中度正在形成的过程中,某区域的市场竞争日益激烈,流通厂商之间会展开以销售产品价格、花色品种、服务质量等为内容的较量,实力强的厂商为扩大在该区域的市场份额,常常通过适当降低价格的策略来占领商品和服务市场。这时会出现两

---

① 一些经济学家十分重视地理位置和历史文化等对厂商投资选择的影响,认为它们会产生对产业空间集聚的自我延续效应(Krugman,1993)。笔者以为,非价格因素对区域产业规模变动的影响是间接的,就较短时期内区域产业规模的变动而论,是价格因素起着主导作用。

种情况：一是当某区域居民收入水平较高时，适当降低商品和服务价格会提高居民的消费量，以至于后续该区域的流通产业规模有所扩大；二是当某区域的居民收入水平逐步提高时，适当降低商品和服务的价格，同样会提高居民的消费量，后续会使得该区域的流通产业规模有所扩大。同时，实力强的厂商为扩大在该区域的市场份额，也会在商品的花色品种、服务质量等方面，尽可能地适应居民的消费偏好和消费结构的变动。凡此种种，都有助于该区域流通产业规模扩大。特别值得关注的是，实力强的厂商在商品和服务的经营集中度正在形成的过程中，还有可能在该区域的外围地区投资物流、仓储和运输等项目，以至于出现"中心-外围"相得益彰的产业体系。此时，该区域的流通产业规模便会迅速扩大。

流通产业规模由扩大转变为缩小的情形，通常发生在流通产业商品和服务的经营集中度业已形成的时期。随着那些资金实力、管理水平和市场销售能力不高的厂商逐渐被淘汰，实力强的厂商在某区域的商业、仓储和物流等网点就会增加。流通产业的激烈竞争会在一定程度上影响商业利润。当实力弱的厂商无力在某区域设置商业、物流和仓储网点时，那些实力强的厂商便开始运用价格策略来解决投入产出的效用问题。厂商运用价格策略来提高利润的前提是，其所经营的商品和服务业必须存在规模报酬递增。当某区域商品和服务的经营集中度尚未形成时，规模报酬递增，会呈现出不规则的波动，此时，若厂商提高商品和服务的价格，会导致具有一定数量商业网点的厂商获取超额商业利润，这会吸引其他厂商投资、进入，从而致使该区域流通产业规模的扩大。但是，在某区域商品和服务的经营集中度业已形成的情况下，规模报酬递增却会促使实力强的厂商在商品和服务经营上形成局部垄断，当厂商提高商品和服务价格的幅度低于居民收入水平上升的幅度时，消费者的有效需求或许不会减少。反之，有效需求就会减少，从而引起该区域流通产业规模的缩小。

一般来说，某区域流通产业出现规模报酬递增现象，客观上会形成阻止实力较弱投资者的进入门槛。这种门槛越高，大型零售百货、物流

和仓储等连锁业厂商的提价能力就越强。居民收入水平既定情况下的
商品和服务的价格上升对流通产业区域规模变动的影响,与居民收入水
平上升情况下流通产业区域规模变动的情形是有区别的。这种区别给
我们留下的研究课题是,不仅要分别基于流通产业尚未形成经营集中度
和业已形成经营集中度这两种背景来考察流通产业的区域规模变动,而
且要结合规模报酬递增来分析这两种背景下流通产业的区域规模变动。
然则,从消费选择函数视角出发并结合规模报酬递增来分析流通产业的
区域规模变动,不能局限于收入水平(Y_1)与商品和服务价格(Y_2),还需
要引入消费偏好(Y_3)和消费结构变动(Y_4)这两大变量,并适当结合投
资选择函数中的预期投资收益(X_1)、周边商业布局(X_2)、制度环境
(X_3)、竞争和垄断程度(X_4)、运输成本(X_5)来展开。显然,这种把消费
选择和投资选择纳入同一框架的分析模式,会扩大我们研究流通产业区
域规模变动的分析空间。

　　流通产业在特定时空的区域规模变动,是投资者投资选择和消费者
消费选择共同作用的结果。现代经济学关于产业空间集聚的分析,主要
是从影响投资选择的产业链、运输费用、交易成本、制度环境以及地理位
置等入手的。一方面,这种分析在强调价格因素对产业区域规模变动起
主导作用的同时,也肯定了环境因素对产业区域规模变动的影响;另一
方面,这种分析实际上是将消费选择看成是影响厂商投资选择,从而影
响产业区域规模变动的一种不待而言的现象。在理论研究不对产业类
型进行细分的情况下,现代经济学的这种分析框架是基本正确的。但针
对流通产业区域规模变动进行研究时,如果我们继续把消费选择之于区
域规模变动的影响理解为一种不待而言的现象,我们便不能全方位地说
明流通产业区域规模变动的原因。事实上,流通领域的消费选择对投资
选择的诱导或影响,继而对流通产业区域规模变动的作用,是一种显著
的存在。

　　基于以上的事实,本章在抽象的层次上构建了流通产业的投资选择
函数和消费选择函数。这两个函数与主流经济学的投资函数和消费函
数存在着区别,这两个函数的主要变量是依据流通产业与消费者的前向

关联以及流通产业与制造业的后向关联而设置的。对于这两个函数的变量关系的处理,本章着重分析了函数因变量与自变量之间的偏导数所关联的有关流通产业区域规模变动的机制,同时,也分析了由这些变量构成的计量模型。诚然,就计量模型的分析而言,这样分析尚有许多内容有待挖掘,但在笔者看来,如果在投资选择函数的基础上运用消费选择函数,能有效分析流通产业的区域规模变动,我们关于流通产业的研究也许会出现新的画面。

四、流通产业市场治理结构的理论分析

现代经济的运行和发展一直存在着政府失灵与市场失灵的双重困惑。概括而言,政府失灵通常是指政府宏观调控(规制)无助于整个社会的供给和需求、投资和储蓄、生产和消费的均衡,以至于产业结构调整和升级难以实现持续的经济增长;市场失灵则是指价格机制不反映供求关系,竞争秩序出现紊乱,契约纠纷大量存在,以至于市场机制难以有效调节社会的生产、消费和分配。市场失灵和政府失灵的终极结果是通货膨胀率上升和就业率下降。从基础理论来考察,对这一系列问题根源的探讨都可以从市场治理及其结构变动入手,都可以归结为市场治理及其结构变动的结果。流通产业市场治理及其结构变动是整个市场治理结构的重要组成部分,这方面的问题值得研究。

(一)市场治理的新古典经济学解说

古典经济学把价格机制看成是调节市场供求的灵魂,认为整个社会生产和消费都在价格机制这只看不见手的作用下得到有效的市场治理。这一经典理论的归宿点主要体现在以下几个方面:①反映供求关系的价格体系会维系市场的充分竞争;②反映商品价值的价格体系会通过成本和利润等机制,调节厂商投资什么、投资多少、生产什么、生产多少和怎样生产;③作为"经济人"的厂商,其进行交易活动所面对的是完全契约,不存在逆向选择、机会主义和道德风险等;④任何厂商都不能自行定价和控制产品销售,市场具有实现生产和消费、价格和供求、投资和储蓄等

一般均衡功能。① 古典经济学反对政府经济干预（规制），认为政府不干预背景下的市场治理结构，是契约完全、价格反映供求并能实现生产和消费等均衡的交易体系，市场治理结构会自行调节，其变动完全是市场内部合力的结果。

对古典经济学做出基础理论创新的新古典经济学通过对行为动机、偏好和效用的系统理论分析，把厂商描述为"理性经济人"，认为无论是供给方还是需求方的经济行为主体，都具有偏好一致性并能实现效用最大化②，进而形成将市场治理结构纳入瓦尔拉斯均衡分析框架的期望效用理论③。伴随着期望效用理论的发展，新古典经济学的产业（市场）组织理论重点研究了竞争和垄断两种产业组织形式，把市场治理放置于不完全竞争、垄断竞争、可竞争等模型之中进行研究。④ 但是，新古典经济学对供给曲线和需求曲线的理论分析，以及对竞争和垄断的系统描述，是以"理性经济人"为前提的确定性研究，尚未完全摆脱古典经济学的思维框架。具体地讲，就是把厂商看成是偏好无差异、能实现效用最大化的契约制订和执行者。因而，其有关市场治理的研究仍然偏离现实。

新制度经济学把市场治理看成是价格、企业和市场相融合的一种制度安排。这一始于罗纳德·科斯交易成本学说⑤的理论，强调市场治理中的契约不完全和厂商行为选择不确定。该理论通过对资产专用性、机会主义、道德风险以及不完全契约等的分析⑥，认为市场治理结构是受

———————————

① 斯密：《国民财富的性质及其原因的研究》（下卷），郭大力、王亚南译，北京：商务印书馆，1974 年；马歇尔：《经济学原理》，朱志泰译，北京：商务印书馆，1997 年；瓦尔拉斯：《纯粹经济学要义》，蔡受百译，北京：商务印书馆，1997 年。

② Von Neumann J, Morgenstern O. *Theory of Games and Economic Behavior*, Princeton: Princeton University Press, 1947.

③ Arrow K J, Debreu G. "Existence of equilibrium for a competitive economy", *Econometrica*, 1954(3):265-290.

④ Chamberlin E H. *The Theory of Monopolistic Competition*, Cambridge: Harvard University Press, 1933; Stigler G J, Friedland C. "What can the regulators regulate? The case of electricity", *Journal of Law and Economics*, 1962:1-16; Stigler G J. "The theory of economic regulation", *Bell Journal of Economics and Management Science*, 1971(1):3-21; Bain J S. *Industrial Organization*. New York: Harvard University Press, 1959; 罗宾逊、伊特韦尔：《现代经济学导论》，陈彪如译，北京：商务印书馆，1982 年。

⑤ Coase R H. "The nature of the firm", *Economica*, 1937(16): 386 - 405.

⑥ Grossman S J, Hart O D. "The costs and benefits of ownership: A theory of vertical and lateral integration", *Journal of Political Economy*, 1986(4): 691 - 719.

特定产权约束，并且是贯穿着交易成本和实行不完全契约的厂商相互博弈的众多内生变量的集合。客观来讲，这种将一切都视为是制度使然的分析观点，与古典和新古典经济学的区别，在于注重对市场治理结构变动进行研究的同时，认为政府产业调控（规制）是导致市场治理结构变动的不可忽视的重要因素。新制度经济学把市场治理结构理解为一种制度安排，其分析空间得到了扩大，厂商之间博弈规则、交易成本和产权的作用形式、竞争和垄断的渗透与融合以及契约联结不同方式等，统统成为新制度经济学信息不对称和有限理性约束分析框架的内容。

现代经济学的发展和完善在很大程度上受益于新制度经济学的贡献。就市场治理结构的研究而论，现代主流经济学倾向于把市场契约作为制度来理解，越来越关注契约谈判、制订、执行和调整的过程分析，关注交易成本及其价格体系在宏观和微观层次上的形成与变化。相关学者将契约联结方式作为解读市场治理及其结构变动的重要内容，并以此来解说以竞争和垄断为核心的处于不断变动的产业组织。然则，现代主流经济学并没有完全摆脱新古典经济学行为理性选择理论的束缚，其在研究市场治理及其结构变动以及由此形成的产业组织时，仍然是自觉或不自觉地把厂商作为"理性经济人"对待的。现代非主流经济学对市场价格、供求和契约关系的研究，却在很大程度和范围内摆脱了新古典经济学行为理性选择理论的束缚，其有关厂商现实投资选择与传统行为选择理论的系统偏差的分析，为经济学家重新研究市场治理及其结构变动提供了新的思想材料。

流通产业运行有着自身的特点或轨迹，西方市场治理理论或产业组织理论主要是针对产业的一般运行格局而言的，并不完全适合解释流通产业，这主要反映为以下差别：①流通领域竞争充分，市场价格机制对厂商投资选择、商品销售和提供服务以及消费者消费的调节，要比在第一和第二产业中更加充分；②在流通领域，垄断只是在局部范围内或只是以潜在形式存在，政府的产业规制很少染指；③流通领域的契约制订和执行以及契约联结方式对收益分享、风险承担等的影响，具有明显不同于第一和第二产业的特点;④流通产业投资周期较短、技术门槛和资金门槛较低,交易成本支付形式和数量不同于第一和第二产业;等等。很明显,以上差别都会反映在市场治理结构上,都会反映在以契约、成本和价格等为核心的市场调节上。因此,符合实际地分析和描述流通产业市场治理及其结构变动,是建构独立的流通产业理论的基础。

(二)流通产业市场治理特点的概要分析

长期以来,经济学家关于市场治理的分析和研究,通常是围绕价格调节、供求波动、契约联结、成本约束以及竞争和垄断等展开的。这些研究涉及的经济行为主体是厂商、个人和政府,描述的市场关系是以价格、供求和契约等为主线的运行机制,分析的对象则主要是产业资本和金融资本。[①] 值得说明的是,西方经济理论的分析框架是针对产业资本整体运行而言的,并不包含对流通产业的专门分析。在迄今为止的经济学文献中,尚未出现对流通产业市场治理展开一般分析的理论。诚然,流通产业的市场治理过程在许多方面从属于主流经济学所描述的市场治理过程,并且与之相类似,但这并不妨碍我们对流通产业的市场治理做出专门分析。

从流通产业的产品来源、所提供的商品和服务及大众消费来考察,其在价格竞争、供求变动、契约制订和执行等方面,有三条同第一和第二产业不尽相同的渠道或路径:①与产业资本之间产品供求的关联,可理解为是流通产业自身运行的后向关联;②与消费者之间产品和服务的供求关系关联,可理解为是流通产业自身运行的前向关联;③发生在流通厂商之间的产品批发和物流运输等的关联,可理解为是流通产业自身运行的横向关联。我们依据这三条不尽相同的渠道或路径所构筑的框架来分析流通产业的市场治理,有可能探索出流通产

---

① 马克思关于流通领域只是帮助产业资本实现价值而自身不创造价值的论断,对后续产业组织研究的影响是不可小觑的,这一论断实际上是认为流通产业不是真正市场治理意义的产业。其他西方经济学流派对产业组织理论的学术处理,一直倾向于认为流通领域不存在相对独立的产业组织。随着流通领域的内外贸、连锁超市、零售批发、跨地区物流尤其是电子商务交易平台的长足发展,经济学家已开始重视对流通产业的研究。构建产业组织理论的前提是必须对流通产业的市场治理做出描述。

业市场治理的特殊性，而与这种特殊性相联系的，是流通产业市场治理结构的变动。

进入流通产业的资金和技术等门槛较低，流通产业较之第一和第二产业，市场竞争十分充分，流通产业市场治理的主导形式是价格机制与供求关系共同调节其经营规模。如果说流通领域存在垄断，它只是以局部或潜在方式存在；同时，政府干预流通市场的空间较小，流通厂商的契约制订和执行主要遵从市场规则。这些是流通产业前向关联、后向关联和横向关联中市场治理的共性，这种共性对基础经济理论形成和发展的影响是广泛而深刻的。以产业组织理论而言，主流经济学正是依据这些共性，把流通产业置于一般产业组织分析之中。但是，如果我们深入研究流通产业的前向关联、后向关联和横向关联，流通产业不同于第一和第二产业的市场治理方式就可以被揭示出来，或者说，流通产业市场治理的特定图景就有可能被描绘出来。

在产业资本提供产品给流通资本的现实成本经济中，可以认为流通产业是一个买方市场。这个买方市场会导致产业资本间的强烈竞争，以至于使产业资本在成本和价格控制、生产规模和市场占有率等方面形成垄断。这是传统和现代产业组织理论研究市场治理时都经常涉及的问题。不过，在产业资本与流通资本的交易中，产品交易价格和产品销售规模在很大程度上和很大范围内是由流通厂商之间竞争以及消费者的消费规模和消费数量决定的。这种情况表明，流通领域在没有行政干预时，其供求关系以及与此相关的价格形成等是流通产业市场治理的主要机制。我们在理论上可以将这种情形理解为流通产业市场治理的一种特点。这是因为政府通常不对流通产业进行规制，流通领域很少甚至不存在行政干预和产业垄断（成熟市场体制极为明显）。也就是说，在流通产业的后向关联中，流通产业之于第一和第二产业的价格确定，以及产品销售数量和规模是在充分竞争的市场机制下完成的。

市场机制贯彻得充分的领域是竞争充分的领域，竞争较充分的领域通常是契约制订和执行得相对公平的领域；契约相对公平的领域，则是契约制订和执行具有完全性质的领域。① 流通产业的契约联结方式有多种形式,从性质上划分:在后向关联或横向关联中,契约通常是以订单的形式制订和执行的(厂商间的纸质契约);在前向关联中,契约则是以价格支付的形式完成的(厂商与消费者间的无纸化契约)。从投资并购等来看,发生在横向关联或后向关联中的契约,有等级交易契约和混合交易契约。② 这些具有法律效力的契约是以市场治理机制得到发挥为前提的。当市场治理出现紊乱时,这些契约的执行就会碰到一系列问题。新制度经济学曾将契约执行出现的问题概括为厂商的逆向选择、机会主义和道德风险,但这些理论分析是针对第一和第二产业而言的,并主要是以厂商之间的合伙投资契约为分析对象的。显然,它不完全适用于流通产业。

契约制订和执行中的逆向选择是厂商选择行为的经常性现象,但机会主义和道德风险则主要是以固定资产投资形成资产专用性而产生沉没成本为条件的。流通产业长期投资少,投资周期短,技术含量低,并且产品批发和零售的契约透明度高,因而契约执行很少因资产专用性或沉没成本而引起机会主义和道德风险问题。机会主义和道德风险是契约不完全的产物,在前向关联、后向关联和横向关联中,流通产业市场治理的契约性质是介于完全契约与不完全契约之间的,它既不是完全契约,也不是不完全契约。如此分析结论的依据是:与第一和第二产业一样,流通厂商的选择行为同样是不确定的,这决定了厂商不可能将一切有可能出现的问题囊括在契约中,但以上流通产业运行特征却表明,其不确定性不会在契约执行中引发破坏市场治理秩序的机会主义

---

① 契约作为一种制度,是市场经济的产物。完全契约是指交易(投资)双方在制订契约时能避免未来不确定性所引起的纠纷,以保证契约执行过程的各自责任、权益等的实现;但在现实中,经济活动的不确定性通常会致使交易(投资)双方制订和执行的契约不完全。从现实看,不同产业部门不完全契约的程度和范围是有区别的,这个问题的讨论涉及市场治理问题。

② 等级交易契约和混合交易契约是现代市场经济中公司间兼并与重组的两种重要契约联结方式,等级交易契约经常发生在母公司内部子公司股权变动上,混合交易契约经常出现在公司内部交易和外部交易的相互交织上,它们反映了不完全契约的现代市场治理结构。流通产业很少出现技术进步所导致的兼并和重组,因而其等级交易契约和混合交易契约对市场治理结构的影响与第一、第二产业存在差别(齐默尔曼主编:《经济学前沿问题》,申其辉、孙静、周晓等译,北京:中国发展出版社,2004年,第118-121页)。

和道德风险,这是流通产业市场治理区别于第一和第二产业的一个重要特点。

流通产业市场治理的另一个重要特点是,它在成熟的市场体制下较少受到政府产业规制或行政干预的影响。流通产业的运行和发展取决于大众对产品需求所引起的内需和外需,取决于大众的消费时尚和偏好。在产业政策主要针对实体经济的情况下,流通产业一般不会因产业规制或行政干预而出现垄断。即便在后向关联中出现第一、第二产业与流通产业的融合,第一、第二产业业已存在的垄断也难以传递到流通领域。我们之所以将这些理解为流通产业市场治理的一个重要特点,乃是因为流通产业近乎纯市场机制调控的区域,它不像第一、第二产业那样调控明显由市场机制和政策干预两大块构成。这个特点使流通产业的市场治理完全按价格机制、供求关系、契约联结等进行,流通厂商投资什么和经营什么及怎样投资和怎样经营,完全是其个体行为,流通领域的资源配置是在竞争充分的市场治理下实现的。因此,把流通产业从整个产业中抽象出来分析,似乎让我们又回到了斯密所讴歌的时代。

流通产业市场治理的特点是相对于第一和第二产业来讲的,这些特点形成的渊源在于流通产业产品和服务经营的特殊规定,这些特点赖以存在的市场运行机制在于充分竞争的市场环境。流通产业的市场治理会使之形成不同于其他产业的市场结构,这个市场结构处于不断的变化之中。如何解说流通产业市场治理结构的变动是理论研究必须回答的问题。

(三)流通产业市场治理结构变动的理论分析

从大的框架来考察,市场治理及其结构变动从属于产业组织理论。经济学世界中的完全竞争、垄断竞争、不完全竞争以及新产业组织理论等曾从不同侧面对市场治理结构进行了研究。联系流通产业市场治理结构来评说这些研究,对于成熟的市场经济体制,总的来说,具有垄断因素的理论模型一般不适合用于解说流通产业市场治理结构,而完全竞争的理论模型只是部分适合于对流通产业市场治理结构的解说。流通产业究竟存在不存在垄断?在什么样的条件下出现垄断?若存在垄断,其与第一和第二产业有什么区别？这些问题与经济体制有关（本章在论及我国相关问题时将专门讨论），是研究流通产业市场治理及其结构变动所不能忽略的。

我们首先考察非垄断假设的情形。依据完全竞争理论模型，非垄断假设下的市场治理结构有以下局面：从社会总产量中抽走任何厂商的产量都不会对价格产生明显的影响，在市场出清的情况下，价格竞争的极限状态可以使厂商的边际产出等于它在总潜在贸易收益中的贡献，即厂商的最终效用水平正好等于它对整个经济的潜在边际产品；在非垄断假设下，厂商收益表现为报酬不变，市场治理结构可促进资源合理配置。①

在抽象的理论分析层面上，流通产业竞争充分，任何厂商所提供的产品和服务都不会明显影响价格。此时，流通产业市场治理结构是价格机制与供求关系的均衡，是厂商选择行为与契约联结方式的均衡。第一和第二产业所存在的明显垄断是与非垄断的流通产业市场治理结构存在明显差别的。正是在这个意义上，完全竞争模型比较适合于对流通产业市场治理结构的解说。不过，这种解说是以产品无差异和成本不变等为假设的，现实中的产品在品种、规格和包装等方面差异很大，产品成本结构始终处于变化之中，因而完全竞争理论又不能准确描述流通产业的市场治理结构。

事实上，竞争充分并非意味着垄断的不存在，当竞争程度和范围受到限制时，流通领域的不完全竞争或垄断竞争就有可能出现。从理论上来讲，不完全竞争或垄断竞争是指厂商和个人面临产品向下倾斜的需求曲线与向上倾斜的供给曲线。钱伯林曾讨论过产品存在差异时的不完全竞争，认为市场竞争不可能完全替代买主和卖主，理性的价格接受者不能影响市场出清下的价格水平，出现报酬递增便意味着不完全竞争或

---

① 完全竞争模型是将完全竞争视为卖方寡头垄断的一种极限情况，它是以竞争者对所有产品面临完全弹性的供给和需求曲线为前提的，是一种忽视竞争过程的典型的均衡分析，它没有对导致均衡的竞争过程展开分析。针对市场治理结构对资源配置的影响，熊彼特研究了新产品、新市场、新技术等其他要素投入的产业组织形式的创新式竞争，突出了企业家的作用，认为现实竞争可以使有效配置资源转向创造和破坏资源，这一研究对不完全竞争理论和垄断竞争理论的完善有启迪作用。

垄断竞争的存在。[①] 若我们援引完全竞争理论的潜在总贸易函数来理解,报酬递增则意味着厂商的边际产品之和将超过而不是等于总潜在的贸易收益,即总潜在的贸易函数会反映出厂商的报酬递增。很明显,这些论述不适合对流通产业市场治理结构进行解释,因为报酬递增是以技术变革为特征的规模经济现象,流通产业在整个 20 世纪并不明显存在以技术变革为特征的规模经济。所以,我们用不完全竞争或垄断竞争理论来解释当时流通产业的市场治理结构不甚恰当。

随着 20 世纪下半叶跨国公司海外投资和 21 世纪互联网电子商务的发展,流通产业交易及其相关的契约形式发生了很大的变化。这些变化在推动流通产业出现报酬递增现象的同时,也导致了流通产业市场治理结构的变动。从引发报酬递增现象来看,跨国公司在欠发达国家流通领域的投资会为其带来雄厚资金、先进经营模式和科学管理方法,这势必在连锁超市、物流、批发、一站式大型商场等流通领域形成规模经济。经过充分的市场竞争后,跨国公司能够以比一般商家更低的成本销售产品和提供服务,即产品销售和服务提供出现成本劣加性现象。在这种情形下,即便政府不进行行政干预,流通产业也会出现自然垄断的物质基础。更值得关注的是,跨国公司投资及其经营规模的扩大会致使流通领域出现覆盖面日益扩大的资产兼并和重组,于是,流通领域开始出现 20 世纪不多见的等级交易和混合交易。并且,契约谈判、制订、执行和调整开始脱离原先市场治理的轨迹,即价格机制、供求关系、契约联结等因素及功能会出现不完全竞争理论或垄断竞争理论所描述的景象。我国现阶段的情形就是如此。

流通领域存在或不存在垄断,其市场治理结构有本质差异。在出现垄断或出现潜在垄断的情况下,无论是政府干预所形成行政垄断,还是规模经济导致的成本劣加性所形成的自然垄断,都会改变价格机制、供求关系和契约联结等的纯市场属性,使市场治理结构的要素构成及其功

---

① Chamberlin E H. *The Theory of Monopolistic Competition*, Cambridge: Harvard University Press, 1933.

能迥然不同于完全竞争模式的情形。概而言之,垄断会造成价格机制偏离供求关系,使产品和服务的成本与利润构成不能准确反映市场竞争。具体地讲,行政垄断使不同厂商在融资渠道、土地购买和租赁、特殊产品经营种类等方面的投资处于不同地位;自然垄断会对实力较弱的厂商产生挤出效应,使得这些厂商在产品和服务等方面的投资、经营处于弱势地位。流通领域的行政垄断通常出现在市场经济不成熟的国家,尤其是出现在经济体制的转轨的国家,自然垄断既可以出现在市场经济成熟的国家,也可以出现在市场经济不成熟和经济体制转轨的国家。但就这两种垄断形式对市场治理结构的影响而论,其对市场经济不成熟和经济体制转轨的国家,影响尤为显著。

市场治理结构实质上是一种制度安排。现代经济学对市场治理结构变动的理解和解说,涉及公司内部组织和市场规则两大块内容。这些理论接受了罗纳德·科斯"市场、价格和公司合而为一"的分析观点,认为无论是公司组织内部和外部的等级交易结构或混合交易结构,还是受市场规则支配的连续或不连续市场交易结构,都可以被看成制度不既定条件下的制度变动。①

制度不既定明显发生在经济体制上,但也经常出现在市场治理上,正因如此,我国流通产业的竞争和垄断、市场治理结构才会不同于市场经济成熟的国家。理论和实践表明,在经济体制转轨期间,市场治理结构变动是难以实现真正市场意义上的公司和市场相融合的,这种市场治理结构反映了公司内部的组织结构与市场的高度关联,即公司和市场是两种可以互相替代的治理方式,它是以产业运行的规模经济或报酬递增为前提的。很明显,流通产业尚不具备这样的物质基础。

流通产业中的公司和市场究竟是以何种方式结合呢? 这个问题与

---

① 西方经济学家视野中的制度不既定或市场治理结构变动,主要是关于法律规章、规则执行手段对交易各方在契约制订、目标和条款、执行和调整、解决争端等制度变动的描述。例如,契约联结理论、委托代理理论、交易成本理论、资产专用理论、剩余控制权理论等都曾在考察公司与市场实际关联的基础上,对完全契约和不完全契约展开过涉及市场治理结构变动的分析与研究(聂辉华:《企业的本质:一个前沿综述》,《现代产业经济学前沿问题研究》,北京:经济科学出版社,2006年)。

其契约联结方式有关。流通产业是短期契约多,长期契约少,并且较之第一和第二产业,等级交易和混合交易的覆盖面较小,这便在总体上决定了其契约制订、执行和调整的不确定性相对较小。一方面,市场治理结构变动在很大程度上取决于契约是否完全,信息不对称和有限理性约束通常会导致不完全契约,而不完全契约通常是市场治理结构变动的催化剂。另一方面,在长期契约的制订和执行中,厂商在自利动机驱动下会做出以扭曲或谎报信息为特征的逆向选择,逆向选择是实现机会主义的手段,而机会主义会造成道德风险。流通产业短期契约多而长期契约少的事实,在很大程度上杜绝了信息优势方利用长期契约所形成的资产专用性来勒索信息劣势方的机会主义行为,这是流通产业市场治理在契约联结上的重要特征。

但是,随着跨国公司投资和互联网电子商务的发展,流通产业长期契约和短期契约的类型及其比例将发生变化,其变化方向或趋势是长期契约逐渐增多。在这种情形下,信息优势方的流通厂商会产生长期交易行为或制订长期契约的偏好。现实表明,长期契约是以规模较大投资或资产兼并和重组为对象的,于是便引致了等级交易和混合交易。等级交易和混合交易既是垄断的产物,也是垄断的催生因素,它们在改变交易形式的同时,不可避免地使市场治理结构发生变动。不过,流通领域的充分竞争、产品和服务的特性以及规模经济的程度和范围,会对等级交易和混合交易有较强的制约,这种制约使流通领域的契约联结方式仍然以短期契约为主导。也就是说,流通领域市场治理结构变动受等级交易和混合交易影响的程度与范围是有限的。理解这一点很重要,它可以帮助我们将流通产业市场治理结构与第一和第二产业区别开来。

现代经济学越来越倾向于把市场治理和公司治理放在同一框架中来分析契约联结方式。如果以此来考察流通产业,我们可以通过对公司治理的内部制衡和外部约束的分析,对市场治理结构变动有新的认识。较之于第一和第二产业,现代流通产业的内部制衡同样表现为母公司内部出现的以关联交易为特征的等级交易,以及与此相关的母公司内部股权比例的变动。现代流通产业的外部制衡,同样表现为由公司间兼并和重组引起的常常反映为混合交易的产权变动。但由于流通产业等级交易和混合交易的范围很小，如果我们把市场治理和公司治理放在同一框架中并以此来分析流通产业的契约联结方式，就显得不是很恰当了。作为对问题分析的一种探讨，我们可否在理论上对流通领域逐步出现的等级交易和混合交易做出有别于其他产业的专门研究呢？可否在理论上通过对公司治理的研究进一步探索流通产业的市场治理结构变动呢？显然，这两大问题有着较大的研究空间。

（四）我国流通产业市场治理结构分析

中国经济体制改革是加速扩大市场调节和逐步缩小政府调控的范围，这两大范围及其比例的变化，规定着市场治理结构基本格局。流通产业作为社会经济运行的一个重要组成部分，尽管其市场治理结构主要取决于以价格、供求和契约等为内容的市场运行机制，但它或多或少要受到经济体制转轨的影响和制约。经济体制转轨所带来的不确定性，决定着宏观和微观层次的制度安排的不既定，而这种制度不既定会通过具体的政策和手段对市场治理结构发生作用，使得中国流通产业市场治理结构较之市场经济成熟的国家有明显的不同。

1.制度不既定引致市场治理结构不既定

在经济体制、法律和行政规章等制度安排相对稳定的国家，一般来讲，技术和资金门槛低的流通领域会出现充分竞争的市场治理结构。中国经济体制只要还处在转轨阶段，宏观和微观层次的制度安排就不既定，这种状况所造成的效应主要表现为产业政策、财政政策、货币政策以及各种规范厂商投资经营的规则及其执行手段尚不足以形成一个稳定的经济环境，以至于市场治理结构不稳定。联系流通产业运行来考察：当宏微观制度安排既定时，流通产业会形成充分竞争的市场治理结构；当宏微观制度安排不既定时，流通产业的市场治理结构就会出现不既定。

中国经济体制转轨在制度创新上的路径依赖是力图保存一定比例的政府干预经济的市场化路径，这便容易使有效率的制度创新受到一定的限制。在流通领域，尽管政府干预范围和程度较小，但它仍然会同市场调节发生碰撞。这种碰撞使价格机制难以准确反映供求关系,使契约的制订和执行容易出现机会主义与道德风险,使市场治理结构不能真正维持充分竞争的经济环境。例如,国有商业公司的一股独大制度、(地方)政府将资产委托给具有行政身份者经营的委托代理制度、国有商业公司具有招投标和投融资的优先权制度、跨国公司的超国民待遇,等等,这些制度极有可能在一定程度和范围内打乱流通领域市场治理结构的秩序。然而,现阶段这些缺乏效率的制度大多是对前期制度的创新,它们会得到一些利益集团、政府机构及其他社会组织等的支持。如果我们把有利于激励竞争和限制垄断的市场治理结构解释为流通领域的市场机制得到了充分发挥,那么,我国流通产业需要对那些缺乏效率的制度进行创新。

2. 契约联结方式的悄然变化正在重塑流通产业的市场治理结构

自 20 世纪最后 20 年开始,随着私营、中外合资等非公有制流通厂商数量的不断上升,中国流通产业的基本格局发生了很大变化,市场治理结构中的价格机制、供求关系和契约联结方式正逐步成为调节(治理)流通厂商投资经营的主导因素,其一般图景可以描述为:在流通资本与产业资本、流通资本与消费者和流通资本之间的后向关联、前向关联和横向关联中,流通领域存留的计划经济手段已荡然无存,产品的采购、批发、物流和零售等基本上是根据供求关系而通过价格机制进行资源配置的,并以契约形式(购销合同)完成。这种展示了竞争的市场治理结构是以市场机制的充分发挥为前提的,是以体现交易双方意志的契约为载体的,它是经济体制转轨达到一定阶段后对流通领域市场治理结构改造的结果。

市场治理结构有不同层级并不断变化。理论上,这种层级可以通过契约制订和执行的内容及其过程所界定的契约联结方式来区分。基于价格、供求等市场机制作用的发挥主要体现在契约上,并考虑契约制订和执行是否明显存在逆向选择、机会主义和道德风险,我们可以将其划分为简单契约联结方式和复杂契约联结方式。从契约的制订和执行来考察,简单契约联结方式对应的是完全契约,复杂契约联结方式对应的是不完全契约。中国流通领域契约联结方式的一个显著变化是，复杂契约联结方式呈逐渐增多的趋势。复杂契约联结方式是流通领域出现大规模的资产兼并和重组的产物，它较之于简单契约联结方式，最大特征在于契约制订和执行存在着纷争，契约经常处于调整状态。自 21 世纪开始，中国流通领域的复杂契约联结方式崭露头角，它在悄然改变市场治理结构的同时，也在改变着公司治理结构，而公司治理结构变化会进一步重塑市场治理结构。

3. 流通产业已初露出市场治理结构与公司治理结构相融合的态势

公司治理结构作为一项微观经济层面上的制度安排，存在内部制衡和外部约束两大基本内容。就公司投资经营涉及市场治理结构而论，外部约束主要表现为公司投资经营活动受诸如产业政策、行政规章、（资本）市场规则、契约法律条文等的制约。市场治理结构与公司治理结构出现融合是现代经济运行中的公司、市场和价格一体化反映，也可以理解为广泛存在的等级交易和混合交易对市场治理的要求。流通领域大型超市、批发采购、物流、大型电子商务交易系统的发展，导致了以股权或资本控制权为主要内容的兼并和重组。这些兼并和重组往往是以等级交易与混合交易的形式来进行的，不仅涉及复杂契约联结方式，进而重塑着市场治理结构，而且会通过价格、市场和公司的一体化，对公司治理结构进行重塑，从而对公司的内部制衡发生影响。

中国流通产业市场治理结构与公司治理结构的融合，在很大程度上和很大范围内受到了经济体制转轨尚未结束的制约。目前，国有商业公司或集团在流通领域中仍占有一定的比例，这类公司的显著特征是国有资产控股，公司高管任免通常直接由上级主管部门任命，董事会、总经理、股东大会和监事会之间在投资经营、权责利分配等方面的内部制衡并不完全体现现代企业制度原则。也就是说，国有商业公司或集团的公司治理结构与市场治理结构的融合，较之于私营商业公司或集团，尚不能真正实现公司、市场和价格的一体化。这个问题在契约联结方式上表现得极为突出。例如，一方面，有商业公司或集团内部出现的资产兼并重组或者股权比例变动，往往是上级主管部门行政干预而不完全是市场作用的结果。另一方面,发生在国有商业公司或集团身上的等级交易和混合交易,又强制性地要求它们必须遵从市场交易规则,即要求它们根据市场价格、供求关系、契约制订和执行等来调整公司治理结构。具体地讲,就是外部资本市场在投资收益、风险承担及资产增值等方面具有调整国有商业公司或集团内部治理结构的功能。

2010年以来,中国私营商业股份公司或集团在公司治理结构和市场治理结构相融合上已向前跨进了一大步,它们对国有商业公司或集团有着明显的示范效应,这种示范效应导引了国有商业公司或集团的公司治理结构出现重塑,而这种重塑使我国流通产业的市场组织不可避免地发生因公司治理结构与市场治理结构融合而出现的变化。

4.市场治理结构的变化正在驱动着流通产业组织的变化

如上所述,现代成本经济的运行和发展正在改变着传统交易模式以及与此相关联的市场治理结构。中国经济体制转轨对流通产业市场治理结构的显著影响是,行政权力削弱所带来的人为垄断因素的逐步减少。在相当长的时期内,由于国有商业公司或集团与政府机构存在着很强的政治和经济裙带关系,(地方)政府为追求政绩给跨国公司投资提供超国民待遇,中国流通领域的产业组织实际存在着局部垄断现象。随着产业政策、财政政策和货币政策等的进一步市场化,市场治理结构越来越显现出以价格机制、供求关系和契约联结等为轴心。也就是说,政府干预或跨国公司超国民待遇对市场治理结构的影响越来越小,流通领域竞争和垄断正在出现因市场治理结构变化而变化的格局。

诚然,中国流通产业组织至今仍然存在着局部垄断现象,但这种垄断现象正在逐步消失。如果说经济体制转轨前期的流通产业组织是"竞争充分+强局部垄断",那么,目前的流通产业组织则是"充分竞争+弱局部垄断"。这种局部垄断的最主要根源在于国有商业公司或集团与政府机构之间的政治和经济裙带关系。从竞争充分到充分竞争的变化,从强局部垄断到弱局部垄断的变化,是经济体制转轨加速和深入导致市场治理结构变动的结果。这个问题从基础理论角度来解释,就是在流通产业的前向关联、后向关联和横向关联中,价格机制、供求关系和契约联结等是维持竞争与限制垄断的主导方式。在这种方式的主导下,流通厂商投资经营的交易费用正在逐步减少。市场治理结构排除政府干预的过程,也是流通产业组织彻底走向市场化的过程。

（五）几点思考

流通领域的市场治理结构是产业组织理论的一个重要组成部分,它具有不同于第一和第二产业的特征。现有的研究文献对流通产业分析的边界及其理论定位是模糊不清的,我们有必要对其展开理论研究,以便在理论的导引下把握现实问题。从流通领域的实践看,在决定市场治理结构的价格机制、供求关系、契约联结方式等主要因素中,价格和供求是基本因素,而契约联结方式对市场治理结构则有着更加突出的影响。交易活动的等级化、混合化和网络化使流通领域市场治理结构更加复杂,它不仅涉及价格机制、供求关系、契约联结方式,而且涉及经济体制模式和公司治理结构等宏微观层次的制度安排。我们对流通产业市场治理结构的分析和研究,必须有宏微观层次的分析框架。

中国流通产业市场治理结构仍然是同市场经济成熟的国家存在差异的一种二元结构,即市场调节和政府干预并存。这种二元结构要求我们对决定市场治理结构的制度安排进行创新。随着私营和中外合资等商家数量的不断增加,市场治理结构在总体上已反映出市场机制贯穿于流通产业运行始终的格局。经济法律规章等对契约制订、执行、调整和违约处置的制度安排,正在朝着保障私营厂商的产权和权利、减少厂商在交易或贸易中不确定性的方向迈进。就制度安排创新来讲,流通领域的制度创新要摆脱传统体制的影响,对于行政和市场摩擦所产生的效率缺乏采取具有一定刚性的制度安排。流通领域制度创新对现有要素的重新组合,要尽可能适应现存的制度环境。制度创新要求管理层具有符合市场秩序所要求的理念,这样的理念及其基础上的制度创新是重塑流通领域市场治理结构的前提。

厂商采取不同契约联结方式的交易过程是市场治理结构变动或市场交易变动的过程,不同的契约联结方式对竞争和垄断具有不同的影响。当我们将契约联结方式变动理解为市场治理结构变动的主要形式时，我们应该重视对不完全契约的研究。不完全契约使交易合约的签订、承诺和兑现增加了附加性条款，使短期交易合约的比例大于长期交易合约，以至于使市场治理中更容易出现机会主义和道德风险。从理论上解析流通产业的市场治理结构，要探索契约联结方式与宏微观制度、产业组织、公司治理结构等的关联。对契约联结方式尤其是对不完全契约的研究是对市场治理结构的基础性研究，任何对厂商交易规则及其执行手段的研究，都可以解释为对市场治理结构创新的研究。因此，本章有关流通产业市场治理结构的研究可以为第一和第二产业提供借鉴。

流通产业市场治理结构及其变动的理论研究包括两个层次内容，第一层次是性质分析，第二层次则是模型建构及其分析。我们如何依据市场治理结构的基本因素来描述它们之间的数理关系，并通过这些数理关系来刻画市场治理结构及其变动的数理模型，还需要进一步探索。这些探索不仅对流通产业，而且对第一和第二产业都有着十分重要的意义。

第三章
流通产业组织结构及其投资运行

经济理论界关于流通产业组织结构的研究一般是根据产业组织学理论，从商品流通的市场关系对其进行契约分析，从流通产业内部的资源配置结构及关联对其展开"结构、行为、绩效"的框架分析，而没有对流通产业的投资制度安排予以高度的关注。然而，流通产业的重要特点之一是其组织结构与治理结构具有一定的相关性。围绕这一特点，本章在对流通产业组织结构做出概要分析的基础上，对市场治理结构作用于组织结构及其对投资决策的影响机制进行了分析，并结合中国的实际为流通产业的组织结构与投资决策的市场关联提供了相关理解。

一、市场治理结构和产业组织结构之概览

流通产业内部大中小企业的关系与治理结构之间存在关联。在流通产业中，交易的一般形式仍然是市场治理和等级治理两种组织形式，并且越来越有可能出现介于这两种形式之间的混合治理结构。不过治理结构的形式变化只是显示契约的不同特征，并不改变治理结构的一般化的市场性质。① 与其他产业一样，可以从交易成本的性质和规模两方

---

① 众所周知，信息不对称和环境的不确定决定了不完全契约成为市场治理结构的主要内容。由于不完全契约会隐含契约方的不完全承诺和事后机会主义，市场交易会出现诸如复杂长期签约、特许权经营、战略联盟及联营安排等介于市场治理和等级治理之间的契约形式，但无论这些契约形式如何变化，契约总是在很大程度上受市场变化及其规定性的约束。对流通产业中的契约形成或交易行为来说，也是如此。

面来考察现代流通产业中的大中小企业的交易行为与过程。

交易成本理论认为,市场治理结构难以消除合伙交易者之间所客观存在的勒索问题。因为一旦专用性投资形成,投资成本便成为沉没成本。只要契约一方终止这种专用性投资关系,便会威胁到契约的另一方。处于信息和资金劣势的一方要维持原有的契约,就必须向处于信息和资金优势的一方支付租金。[①] 租金或交易成本的存在会打破市场竞争的保护。这种情况在流通产业中也是经常存在的,它推动着厂商不断改变契约形式及与此相对应的产业组织结构。

但是,随着市场中局部垄断的出现,契约中的机会主义和道德风险因素便逐步增强。换言之,流通产业的组织结构不可能以纯粹的市场治理结构为背景。等级交易是治理结构的一种特殊形式,它通常出现于产权和控制权一体化的大公司中。与其他产业一样,一旦流通产业产生这种治理结构,就会出现产业内部的企业合并现象,从而导致流通产业的组织结构发生变化。合并在改变契约类型的同时,会致使流通产业中原先是平行关系的企业之交易内部化,即企业内部的交易不必遵循外部关系的标准契约。同时,由于法庭会拒绝受理企业内部的争端,等级交易的治理结构比独立商业主体之间的交易结构更加具有控制力。

在防止机会主义行为方面,由于等级交易治理结构能够保护与专用性投资有关的准租金,等级交易治理结构比市场治理结构更具有效率。从流通产业内部的大企业兼并小企业的情况来看,其组织结构的变化是与等级交易的治理结构同步的。这就是说,流通厂商的组织结构所具有的抑制机会主义的功能,在很大程度上应归诸等级交易的治理结构。不过,组织结构这种功能的产生是有成本的,从市场治理到等级治理的变化,会削弱市场的激励因素,而组织结构要弥补市场的这种功能,则必须在雇员革新、内部交易、资产维护、信息传递等方面具有一定的协调性,

---

① 很多经济学文献从机会主义行为的角度讨论过这个问题,但对市场治理结构中某种具体契约的运用会提高交易成本的分析以及由此涉及的治理结构调整的建议,实际上就是对市场治理结构应该调整的分析,而对这种分析的理论概括也就是对产业组织结构的研究。

这样才能约束高级管理人员以占有业绩租金为主要手段的机会主义行为。

厂商的机会主义行为源于信息不对称,信息不对称是指交易各方要取得均等信息必须支付交易成本的情况。一般来说,产业组织结构的优化是要让产业内部厂商之间的交易尽可能地抑制机会主义,或者说尽可能地减少契约风险。优化的产业组织结构不是精英分子拍脑袋的产物,它需要市场治理结构来推动。从市场治理结构到等级交易治理结构的变化,并没有也不可能消除机会主义。随着网络经济发展所产生的信息和环境不确定性的增加,等级交易的治理结构也无法杜绝产业内部不同企业旨在获取有利契约条件的信息扭曲披露形式等逆向选择行为。因此,产业的组织结构不断处于治理结构的重塑之中。

西方发达国家的治理结构曾经历过市场的长期演化过程。在这一过程中,厂商为了减少契约制订、调整和执行的交易成本,在政府规制的框架内不断地调整和改变着契约的类型与执行手段。当市场检验出等级交易的治理结构存在着诸多机会主义行为倾向而又难以通过现有的产业组织结构加以防范时,被称为混合治理结构的市场治理便出现了;与此相对应,产业的组织结构也发生了相应的变化。

混合治理结构是一种介于市场治理结构与等级交易治理结构之间的治理结构,交易者试图通过混合契约实现在市场治理与等级治理之间的某种优势,以最大限度地减少交易成本。混合治理结构催生了相对应的产业组织结构。但现实表明,由混合治理结构导致的产业组织结构照样存在着机会主义行为问题。诚然,混合契约安排增强了对企业的激励,在一定程度上有效地防范了机会主义行为,如在一定程度上和一定范围内防范了专用性资产的投资勒索现象。但混合契约只能限制而不能消除机会主义,例如,像复杂长期签约、特许权经营、战略联盟及联营安排等形式的混合契约仍然具有不断调整和连续决策的特性,因此,西方国家在实施混合治理结构的同时经常面临着向等级治理结构的复归,并经常伴随着产业组织结构的不断变动。

二、投资环境的几点认识

经济理论关于厂商投资受投资环境制约的研究始于 20 世纪 60 年代。弗农认为市场容量、劳动力成本、交通和通信成本以及相对技术水平等比较优势是影响厂商投资区位流向的重要因素[①]；邓宁认为厂商投资选择主要取决于内容涵盖了自然禀赋、市场空间分布、运输和通信成本、贸易障碍、基础设施、R&D、生产和营销集中度、体制和政策的区位优势[②]；奥尔德里奇和普费弗、普费弗和萨兰西克通过对资源依赖的分析，认为投资环境中的资源获取功能对厂商投资决策有着重要作用[③]。经济学家针对投资环境约束厂商投资的一系列分析，涉及制度对投资环境的影响。从制度安排看问题，厂商投资环境约束存在以下几个层次的内容：一是以成本、价格和利润为核心的市场制度安排约束，二是政策导向的制度安排约束，三是地理位置、基础设施、地域文化和资源禀赋等非正式制度安排约束。

对于厂商来说，投资环境通常会受到正式和非正式制度的影响。政府政策导向等正式制度对投资环境的影响主要表现在产业政策、财政政策、金融政策、土地使用价格和税收优惠或减免等对厂商投资的区域选择方面，市场层面的正式制度对投资环境的影响主要表现在区域的市场运行秩序所产生的成本、价格和利润对厂商是否具有吸引力上。非正式制度对投资环境的约束一方面表现为由地理位置、资源禀赋和基础设施等对厂商运输成本、投资品价格与日常经营费用的影响，另一方面则表现为地域文化、风俗民情等引起的消费倾向和消费时尚对厂商投资生产

---

① Vernon R. "International investment and international trade in the product cycle", *Quarterly Journal of Economics*, 1996(2): 190 - 207.

② Dunning J H. "Toward an eclectic theory of international production: Some empirical tests", *Journal of International Business Studies*, 1980(11): 9-31; Dunning J H. *Multinational Enterprises and the Global Economy*, New York: Addison-Wesley Publishing Company, 1993.

③ Aldrich H E, Pfeffer J. "Environments of organizations", *Annual Review of Sociology*, 1976(2): 79 - 105; Pfeffer J, Salancik G R. *The External Control of Organizations: A Resource Dependence Perspective*, New York: Harper & Row, 1978.

能力形成后的收益影响上。① 正式和非正式制度约束投资环境的这种情形表明,投资环境是制度约束的函数;投资环境制约厂商投资行为的情形则表明,厂商投资决策是投资环境的函数。因此,厂商投资决策经由投资环境,实际上是制度约束的复合函数。学术界对投资环境内涵的分析和研究主要是从法律规则、投资对象界定、投资收益、地理位置和资金运营条件等方面展开的。这些针对制度环境的分析和研究涉及了制度对投资环境的约束问题,但还谈不上是对制度约束投资环境的专门分析。②

重视投资环境如何受制度约束的研究,至少可以帮助我们理解以下几个问题:厂商为何偏好于将某一投资项目放在甲地区而不愿放在乙地区? 某地区为何会成为经济发展中心,为何对周边地区经济发展有引领作用? 地方政府经济发展的制度安排存在着哪些经验和不足,是否存在着短期行为而使投资环境在长期中趋于恶化? 如何通过重塑制度安排来改善投资环境? 显然,对这些问题的研究要取得符合实际的进展,必须把投资环境与制度安排约束放在同一框架中进行。

在投资环境与制度安排对厂商投资决策约束的同一分析框架中,最值得关注的是政策环境中的政治法律环境,包括政治体制、法律法规、政局稳定性以及政策是否具有连续性,其对厂商投资决策的约束,主要反映在政府一系列规制政策及其措施和手段上。有学者曾对 85 个国家的厂商投资规制门槛进行过实证研究,发现政策规制门槛较高的国家普遍存在腐败,普遍存在着"地下经济",并且提供的公共产品和私人消费品的质量低下,这意味着厂商在此类国家投资会面临更多的不公

---

① 某一投资区域的地域文化和基础设施等虽然在一定程度上也是该地区投资环境与制度约束的产物,但从它们的完成形态来讲,我们可以将它们看成是非正式制度约束。从这个角度来讲,如果把地域文化和基础设施等看成是投资环境与制度约束,则应是另一层面的分析问题。特此说明。

② Stephen K, Keefer P. "Institutions and economic performance: Cross-country tests using alternative measures", *Economics and Politics*, 1995(3):207 – 227; Acemoglu D, Johnson S, Robinson J A. "The colonial origins of comparative development: An empirical investigation", *American Economic Review*, 2001(5):1369 – 1401;戴园晨:《投资环境及其评价体系》,《中国社会科学》1994 年第 1 期;何大安:《投资环境与厂商跨地区投资的机理分析》,《经济管理》2002 第 14 期。

正[①];张维迎曾以信任为分析参照,对政治法律环境之于厂商投资的影响进行了阐述[②];白重恩等通过对国内 44 个城市企业层面数据的实证分析,指出投资环境尤其是法制环境对企业决策及其效益有显著影响[③]。从经济理论层面来理解,这些有关投资环境与制度安排对厂商投资决策约束的分析,说明良好的投资环境对吸引投资和提高投资效益至关重要,它直接关系到投资信任的产生和维护,并直接关系到厂商投资选择的交易成本。投资环境作为资金有效运营的外部条件,实际上是特定地区或行业拥有的影响和决定厂商投资的各种主客观因素的有机复合体。[④] 经济学家从市场环境、政策环境、地理区位、资源禀赋、基础设施条件等出发对投资环境所进行的研究,实际上是对投资环境中的正式和非正式制度安排与投资效益之相关性的研究。从市场环境和政策环境的形成与变化来看,影响投资环境的制度对特定地区市场环境和政策环境的约束是显而易见的,对厂商投资收益的约束也是显而易见的。市场环境和政策环境受制度约束的因素越多,并且其力度越强,范围越广,厂商在这一特定地区的投资收益受到的限制就越明显,反之则反是。我们需要关注由市场机制作用所产生的制度约束,即要关注契约(价格)等的市场制度约束。显然,契约作为一种制度安排,它的制订、修改、执行以及纠纷仲裁等,会在很大程度上和很大范围内反映出市场环境对厂商投资的约束。

流通厂商投资活动受投资环境制约也是不言而喻的。与其他产业一样,流通厂商的投资收益同样与投资环境存在着正相关关系。即便暂不考虑投资环境的众多制约因素,仅以现代化基础设施而言,我们也会认为优质基础设施能明显提高厂商投资的要素回报率。[⑤] 一般来讲,流

① Djankov S, La Porta R, Lopez-de-Silanis F, Shleifer A. "The regulation of entry", *Quarterly Journal of Economics*, 2002(1):1-37.

② 张维迎:《信息、信任与法律》,上海:上海三联书店,2003 年。

③ 白重恩、路江涌、陶志刚:《投资环境对外资企业效益的影响——来自企业层面的证据》,《经济研究》2004 年 9 期。

④ 邓宏兵:《投资环境学》,武汉:中国地质大学出版社,2000 年。

⑤ Olley S, Pakes A. "The dynamics of productivity in the telecommunications equipment industry", *Econometrica*, 1996(6):1263-1297.

通厂商决定是否在某一地区进行投资,通常会重视作为制度安排结果的基础设施对其预期收益的影响,具体地说,会重视由基础设施决定的诸如物流体系、运输成本、产业关联度、人口聚集度、消费倾向与时尚等对未来投资收益预期的制约。我们在理论上研究流通厂商投资选择如何受投资环境制约,可以分别从政策和市场两个制度安排层面开展,重点是分析流通厂商如何受这两种制度约束,讨论竞争和垄断问题,即探讨流通产业组织或市场组织问题。流通产业组织本身是一种制度安排,它既是投资环境和制度安排约束的结果,也是影响投资环境和制度安排的重要因素。

三、市场制度、政策制度与流通产业组织

社会经济运行和发展过程中市场制度和政策制度对经济运行影响范围的大小,在决定市场化水平高低的同时,也决定着产业组织的基本格局。流通产业投入资金相对较少、进入门槛较低、技术水平较低、竞争激烈等特征,决定着流通产业运行主要受市场制度影响,而政策制度的影响则主要反映为政府各项政策制度对投资环境的约束,以及政策制度有可能产生的垄断方面。基于这样的现实,我们考察流通产业组织,不仅要关注市场制度对流通产业运行的影响,而且要关注政策制度对流通产业运行的影响。经济学者依据流通产业组织以竞争为主、以垄断为辅的事实,一般注重从市场制度出发来研究流通产业组织,这种分析视角或侧重点并没有错,但从制度安排影响投资环境的角度来看,我们分析流通产业运行不能离开对政策制度的研究。

（一）政策制度和市场制度对投资环境的约束进而对流通厂商投资选择的影响,有着可以在理论上揭示的运行轨迹

政策制度安排对投资环境的约束一般是通过影响经济运行的政策、法律和规章等实现的。中央政府的产业政策、法律与规章等会表明支持和不支持什么样的投资,虽然其对各地区投资环境的影响具有一般性,但由于不同地区的市场条件、自然禀赋和文化因素等存在差异,宏观层面的政策制度也会影响特定地区的市场制度,以至于影响到厂商的投

资选择,流通产业组织也是如此。因此,我们可以将流通厂商投资选择受投资环境影响的轨迹理解为:中央政府的政策制度→地方政府的政策制度→市场制度→地区投资环境→流通厂商投资选择。这一轨迹表明两个层次的内容:一是流通产业投资环境的制度约束源头是政策制度,二是流通厂商的投资选择在很大程度上取决于地区投资环境。地区投资环境的优劣不仅取决于政策制度安排,也取决于市场制度安排,这是我们分析流通厂商投资选择受制度约束时必须理解的基本内容。

经济学界对投资环境有两种分类方式:一是按构成要素性质,将其分为政治环境、法律环境、经济环境、技术环境、社会环境、自然环境[①];二是按物质规定或要素表现形态,将其分为以自然环境和基础设施等为代表的硬环境,以及以政治、法律、社会和文化等为代表的软环境[②]。这些出于不同分析目的和分析视角的分类,虽能较为清晰地说明投资环境的构成,但就制度安排如何通过投资环境来影响(流通)厂商投资选择而论,这些分类并没有突出政策制度如何作用于市场制度,进而通过投资环境影响厂商投资选择。诚然,我们把制度安排划分为政策制度和市场制度,是出于某种特定分析需要对前期分类的一种高度概括,但这种划分有利于在说明投资环境影响流通厂商投资选择运行轨迹的前提下,解说制度安排与流通产业组织的现实关联。具体地说,这种划分有利于说明制度约束下的流通厂商投资的竞争和垄断行为。

(二)流通产业的激烈竞争主要受市场制度安排约束,流通产业有可能出现的垄断主要受政策制度安排影响,投资环境则取决于这两种制度安排的作用程度和范围

从宽泛的意义上来理解,市场制度包括一切由价格、供求、利润等机制产生的交易规则及执行规则的手段,但从影响投资环境的角度来理

---

① Alesina A,Baqir R,Easterly W. "Public goods and ethnic divisions",*Quarterly Journal of Economics*,1999(4):1243 – 1284;Stern N. *A Strategy for Development*. Washington,DC:World Bank,2002.

② 刘文俭:《论城市投资环境的建设和改善》,《未来与发展》2002 年第 2 期。

解,市场制度则主要体现在契约制度方面。在市场经济条件下,市场制度通常是不既定的,这种不既定来源于信息和环境的不确定性。以流通产业的竞争和垄断来考察这种不既定,流通厂商的投资选择、契约制订和执行、投资收益分享和风险承担等活动所遵循的制度规则及执行手段,大多受不完全契约这一典型的市场制度制约。流通产业进入门槛低、技术水平较低、投资周期短、长期投资较少等特点通常会导致厂商投资选择受不完全契约的影响较大。基于不完全契约反映为交易双方的条款规定主要限于契约的一般目标及其约束,以及契约双方有权依据市场变化对契约进行修改的事实,我们可以有以下的结论:流通产业运行中不完全契约的比例和范围越大,该地区市场制度的不确定性就越大,对于厂商来说,投资环境就谈不上很好,反之亦然;同时,不完全契约的比例和范围越大,该地区的竞争就会越激烈。

政策制度对流通产业投资环境的影响突出表现在它对市场制度发挥的促进或抑制方面。概括而言:如果政策制度能促进市场制度的发挥,投资环境便会向优化的方向发展;反之,如果政策制度抑制了市场制度的发挥,投资环境便会偏离优化方向。就流通产业组织或市场组织而论,投资环境向优化方向发展意味着政策制度的颁布和实施有助于流通产业维持正常的竞争秩序,而投资环境偏离优化方向则意味着政策制度的颁布和实施会干扰流通产业的正常竞争秩序,甚至有可能在流通领域引致垄断。在现实中,政策制度对流通产业正常竞争秩序的作用结果,既有可能出现正效应,也有可能出现负效应,这种正效应或负效应会直接影响流通产业的投资环境,影响流通产业竞争和垄断的基本格局,从而影响到流通产业组织或市场组织的运行结构。政策制度不仅仅反映为对财政政策、金融政策、产业政策、外汇政策等的运用,还体现在经济体制模式等方面,而地方政府具体政策制度的颁布和实施对投资环境的影响,则比宏观层面的政策制度有着更加直接的作用。

中国流通产业的投资环境是东南沿海地区比中西部地区优越,东南沿海地区流通产业组织结构中的竞争秩序也比中西部地区井然。撇开地理位置、资源禀赋、人口和文化等因素的差异,其原因在于东南沿海地区比中西部地区的市场经济发育成熟早，以契约联结为核心的市场制度已成为流通厂商投资选择、交易和经营的普遍遵循准则，大量专业化市场和产业集群便是市场制度有效运行的写照。这些专业化市场和产业集群实现了流通产业与消费者和制造业的前后向关联，奠定了"中心-外围"战略的产业集聚基础。中国流通产业出现如此格局的另一重要原因是，东南沿海地区的地方政府较之于中西部地区的地方政府，设计了更加有效的政策制度，这主要体现在土地使用价格、税收优惠和减免、基础设施配套、吸收外资优惠政策等方面。但由于中国目前尚未完成经济体制的转轨，流通产业中还存在国有商业集团一股独大、行政干预、跨国公司超国民待遇等问题，这些情况有可能会在商品批发、物流、百货、互联网支付和连锁超市等流通领域形成一定程度的垄断。当这种垄断形成一定的市场势力时，它会在一定范围内改变流通产业组织或流通市场组织的基本格局。

（三）市场制度与政策制度的合力在形成流通产业组织或市场组织的同时，也在不断重塑着新的产业组织或市场组织

流通产业的市场制度和政策制度对投资环境的影响会产生一种合力，这种合力不仅包括两种制度对投资环境的同向作用，也包括两种制度在影响厂商投资选择时的异向作用。它主要是针对两种制度改变投资环境，从而对厂商投资选择发生影响而言的。从流通产业组织的变动来看，这里所说的同向作用是指，受制度影响的投资环境对厂商投资选择的吸引力和抑制力在方向上的一致；这里所说的异向作用则是指，受两种制度影响的投资环境对厂商投资选择的吸引力和抑制力在方向上的不一致。某一地区在特定时期内，如果流通产业的市场制度和政策制度对厂商投资选择的吸引力具有同向作用，该地区的投资环境无疑得到了改善，并且投资额会趋于上升；相反，如果市场制度和政策制度对厂商投资选择的抑制力具有同向作用，该地区的投资环境会得到恶化，投资额明显会趋于下降。至于异向作用，则主要是由政策制度与市场制度的摩擦或不协调引起的，这在经济体制转轨的国家会经常发生。中国就明显存在着这种情况。

　　到目前为止,中国相当部分国有流通产业的产权(股权)仍然掌握在国有资产管理局手中,因而资源配置过程的行政干预或多或少会存在。由于行政干预通常会引致政策制度与市场制度的摩擦,它在产生异向作用的同时,极有可能减弱市场竞争和导致垄断。另外,如果在政策制度安排中出现对跨国公司投资的超国民待遇,跨国公司会凭借它们的资金、管理和技术等实力,通过大量投资来占领我国的流通市场,以至于在商品批发、物流、百货、互联网支付和连锁超市等领域出现垄断。主流产业组织理论一般认为流通领域较少甚至不存在垄断,这种观点值得商榷的地方在于,流通领域存不存在对资源配置发生影响的行政干预,若存在行政干预,垄断便有可能出现。同时,随着全球经济一体化下投资扩张、信用支付和虚拟资本等的膨胀,若政策制度没有适时适度地控制跨国公司的投资,跨国公司资本便极有可能在流通领域导致范围有限但可以觉察出的垄断。这种情况对跨国公司来说是投资环境的改善,但对国内流通厂商来讲则是投资环境的恶化。同样,因行政干预而出现的垄断,对于受到政策制度保护的大型商业集团公司来说是投资环境的改善,但对普通的流通厂商来讲则是投资环境的恶化。流通领域出现垄断,意味着市场竞争在一定程度上和一定范围内减弱,于是流通产业组织便会发生变化。

　　我们对政策制度与市场制度合力影响流通产业组织变动的分析,是基于这两种制度在约束投资环境时,有可能会出现同向作用和异向作用的情况而言的,它是对"制度安排→投资环境→厂商投资选择→流通产业组织变动"的一种高度理论描述。从中国的实际看,政策制度与市场制度的合力常常表现出异向作用,这主要反映在行政干预和有关跨国公司在华投资政策上。诚然,目前中国流通产业组织的基本格局仍然是以竞争为主和以垄断为辅,但垄断的端倪业已出现,我们不能忽视。不过,就制度安排约束投资环境以及厂商投资选择对流通产业组织的影响而论,我们的理论分析应该重视制度安排与投资环境的相互关系,以便清晰地梳理出市场制度、政策制度与流通产业组织之间的现实关联。

四、中国流通厂商投资环境的制度约束

经济学的发展经历了制度描述性研究向制度分析性研究的过渡，这一过渡性研究阶段的使命是由新制度经济学完成的。这种分析性研究主张将制度作为内生变量来处理。像其他产业一样，流通产业作为社会经济的一个重要组成部分，其制度安排同样是由政府的各种政策、法律规章以及厂商之间的契约谈判、制订、修改、执行和仲裁等构成的。如上所述，这些制度安排会通过竞争和垄断来影响与决定流通产业组织。以纯粹的市场层面而言，委托代理和契约联结是市场两种最重要的制度安排。当我们超越市场层面来看问题，体制模式和投资环境也会影响流通产业的公司治理与厂商行为方式。中国的投资环境有着不同于西方国家的特点，这些特点是由经济体制转轨尚未最终完成的制度约束决定的。

众所周知，中国现阶段的投资环境受宏观调控和市场机制的双重约束。如果把这种双重约束所导致的投资环境进行分类，那么，我们在理论上可以把流通厂商的投资环境概括为两种主要情形：①面对政府的宏观调控，国有厂商通常会受益于财政、信贷、资源配置和进出口贸易等政策会面临有利于自身发展的投资环境，相对于国有厂商，私营厂商在受到以上政策调控时，有时会面临不利于自己发展的投资环境；②面对市场机制的诱导性调控，由于国有厂商在资金、管理、运输和营销成本等方面相较私营厂商具有明显的优势，即便在纯粹的市场调节环境中，只要国有厂商的经营理念不落后于私营厂商，不存在较为严重的贪污浪费，则国有厂商面临的投资环境一般不会处于劣势。这里所说的投资环境的制度约束，完全是针对某一地区的宏观调控和市场机制约束而言的，它排除各地区之间的制度约束差异，也排除不同地区的非正式制度对投资环境的约束。因此，在这样的分析框架内，流通厂商投资环境的制度约束在理论上可被描述为政府宏观调控和市场机制的线性函数，以这个线性函数来解说流通产业的投资环境及其产业组织，市场制度主要影响或决定竞争，而宏观调控制度则主要影响或决定市场是

否会出现垄断。

市场制度影响或决定产业竞争，这是一个长期以来被经济理论反复论证的、几乎没有异议的分析结论。至于市场结构中的竞争和垄断的总体格局，主流经济学的产业组织理论曾围绕成本、技术、定价、规模等进行了广泛争论。[①] 从制度影响或决定流通产业竞争和垄断的情况来分析，由于流通产业的技术和资金门槛低，市场制度和政策制度对流通产业发生影响的程度与范围是不同的。就中国目前的情形而论，制度对流通产业投资环境的影响集中体现在以下几点：①市场制度在（交易）成本、价格、利润、投资风险和收益等方面的规定是通过契约制度对流通产业投资环境发生影响的，这种影响反映了流通产业的市场化程度；②政策制度一方面表现出对国有（控股）流通厂商的支持偏好，另一方面则表现为给跨国公司在华投资的优惠待遇，这些政策制度落实到具体的措施时会引发垄断现象；③现实的投资环境通常决定于市场制度和政策制度的合力，这种合力在我国不同地区发挥的影响是不同的，不同地区的投资环境及产业组织格局会明显受不同合力的制约。

市场契约制度实际上是以市场机制为核心内容的制度规则的具体化，它对投资环境的影响体现在由信息不对称和有限理性约束所决定的契约不完全上。流通产业与消费者和制造业的前后向关联，表现为一系列的契约联结，这是市场经济要求商品和服务交易的规则与手段。较之于成熟的市场经济国家，中国流通产业的契约制度具有更强的不完全性，即契约的制订、调整和执行非常不既定。具体地说，就是契约双方修改契约和不履行契约的情况会经常发生。一般来讲，如果某地区经常出

---

① 例如，以斯蒂格勒为代表的芝加哥学派不同意哈佛学派将垄断等同于行业或产品集中度的观点，认为行业或产品的集中度是技术进步的结果，潜在竞争者（由产品可替代性决定）可以限制集中度高的厂商的定价行为，行业或产品的垄断集中度不能彻底改变完全竞争。不过，这些争论没有考虑制度对投资环境进而对产业组织形成的制约。参见：Stigler G J, Friedland C. "What can the regulators regulate? The case of electricit", *Journal of Law and Economics*, 1962:1-16；Stigler G J. "The theory of economic regulation", *Bell Journal of Economics and Management Science*, 1971(1):3-21；Mason E S. "Price and production policies of large-Scale enterprise", *American Economic Review*, 1939(1):61-74；Mason E S. "The current status of the monopoly problem in the United States", *Harvard Law Review*, 1949(8):1265 – 1285；Bain J S. *Industrial Organization*, New York：Harvard University Press, 1959。

现修改契约和不履行契约的情况，会致使该地区市场层面的投资环境恶化。中国流通领域长期存在的契约纠纷给我们的启迪是，与其将市场层面上的契约不完全看成是分析假设，还不如将契约不完全理解成是分析流通产业的现实参照。某地区市场层面投资环境恶化会使理性投资厂商减少或停止投资，这种情形对于流通产业来说，无疑意味着降低自身在该地区国民生产总值中的比重。同时，在流通产业投资萎缩的情况下，流通产业与消费者和制造业的前后向关联的覆盖面就会缩小，该地区的经济便难以得到持续的发展。

不完全契约是市场制度下厂商投资的一种普遍的规则，信息不对称和有限理性约束使这种规则的长期存在具有客观性。但从投资环境约束角度来理解，投资环境改善之于不完全契约，一般要求契约能够让投资者对投资风险有最小化的预期。也就是说，契约条款的确定性要尽可能加强，不能太局限于一般目标及其约束，要尽可能缩小契约将来执行中的修正范围。流通产业具有进入门槛低、投资周期短、技术水平不高、长期投资较少等特点，这些特点容易造成不完全契约对流通厂商投资制约范围的失控。同时，不完全契约作为流通产业运行的基本市场制度形式，是机会主义和道德风险的市场制度载体，其所导致的投资风险很可能要比成本、价格、利润等市场机制所产生的风险更大。从中国的情况来看，流通产业投资环境较差的中西北地区的经济违约纠纷在很大程度上是由不完全契约引起的。当不完全契约引起的经济违约纠纷愈演愈烈时，投资环境便会日益恶化，市场制度对投资环境的约束也就越来越明显。

诚然，中国现阶段市场机制对流通厂商投资环境的制度约束还反映在商品与服务的价格（成本）波动、供求平衡、利润调节、风险预期和规避等方面，甚至会出现在流通厂商的公司内部治理和外部约束的过程中，但从制度角度来理解以上约束，这些都可以归纳为契约约束。契约的谈判、制订、调整和执行是市场机制作用的制度形式，厂商之间契约联结的秩序优劣不仅反映市场环境，也反映投资环境，这是市场运行机制决定的制度约束。非市场运行机制决定的制度约束，则反映在厂商与（地方）

政府的投资契约上。地方政府在土地使用价格、税收减免、基础设施配套等方面能否满足厂商的要求,直接影响着投资环境对厂商是否具有吸引力,这是一种可以直接观察到的制度约束。这里需要说明的是,这种通常由地方政府决定的非市场运行的政策制度约束与中央政府在宏观层面上颁布的政策制度约束存在着明显的交叉。中国流通厂商投资环境的制度约束就明显存在着这种情况。

政策制度向国有(控股)流通厂商的倾斜主要表现为地方政府在土地使用价格、投资项目招标、商贸基础设施配套等方面对国有流通厂商的支持,中国现阶段一些地方政府之所以会设计有利于国有流通厂商的政策制度,是因为相当一部分流通产业的国有资产由国务院委托国有资产管理局或地方政府再经由代理厂商经营,这类资产的经营效用与(地方)政府财政收入、人员安排乃至执政业绩有着经济和政治的利益链。值得指出的是,这种对国有流通厂商有利的投资环境,通常会排斥私营流通厂商在有这样政策制度背景下的地区进行投资,于是,流通厂商投资环境的政策制度约束效应便显露出来了。如果该地区的市场制度(契约)能够提供较好的投资环境,从而在一定程度上和一定范围内能部分抵消政策制度对投资环境的影响,那么对于私营厂商来讲,该地区的投资环境或许属于中性;反之,该地区的投资环境就会恶化。这是问题的一方面。另一方面,政策制度向国有(控股)流通厂商倾斜,还会滋生政府的行政干预,而行政干预的市场效应会影响到流通产业组织结构。

流通产业中零售、批发、连锁和仓储等行业的进入门槛低,竞争激烈,其不像制造业那样具有明显的产业集中度。如果说流通产业具有规模经济特征,那也只是在资金实力和管理模式的先进性上有所反映。也许是基于以上的原因,人们通常认为流通产业没有垄断,其具有一种完全竞争的市场结构。这种观点的最主要的理论依据是流通产业不存在商品和服务的集中度,任何流通厂商都不具有产品或服务的定价权。但是,目前中国流通产业组织结构(市场结构)的总体格局还谈不上是成本、价格和利润等起支配作用的充分竞争,也就是说,竞争的有限性并没有完全排除垄断的存在。对于这样的流通产业组织结构,我们应考虑到有可能产生的垄断对流通厂商投资环境的影响。地方政府实施有利于国有流通厂商的政策制度,或多或少会给这类资产的垄断经营创造条件,给企图进入流通产业的潜在竞争者设置门槛。或者说,这种不利于私营流通厂商的投资环境,有可能会形成一定程度的垄断,从而使中国的流通产业组织发生一定程度的变化。

关于中国流通产业存不存在垄断以及有可能存在何种类型垄断,是一个关系到投资环境的值得探讨的问题。首先,我们应该明确流通产业有可能出现垄断的根源在于市场经济不成熟或体制转轨尚未完成。其次,我们要知道政策制度的倾向性有可能使流通产业出现垄断。最后,我们应该分析垄断与特定投资环境之间的关联。从中国现阶段政策制度的倾向性以及由此产生的行政干预来考察,国有流通厂商在政策制度的庇佑下,可通过土地使用优先权、投资项目招标优先权、地方财政支持等取得有利地位,这种优势地位有助于国有流通厂商在中心商业地块扩大市场势力。如果国有流通厂商能够在管理模式、营销策略和广告宣传等方面取得成功,这种优势地位便有可能降低其所经营的单位商品销售价格或能提供较低的服务价格,以至于取得部分商品或服务的定价权。如果国有流通厂商在此基础上扩大连锁经营范围,以至于把商品销售和服务提供与物流系统、电子商务、金融支付等联为一体,其市场势力便有可能形成一定程度上和一定范围内的垄断。这是我们研究流通产业组织时必须关注的。

政策制度导致中国流通产业组织中出现垄断的情形,也有可能源于跨国公司在华投资及其经营情况。随着跨国公司在华投资增加和经营规模扩大,中国流通产业竞争格局已出现新变化。这种变化不仅会发生在竞争主体多元化以及由此产生的竞争谋略和手段上,而且会发生在市场组织及投资环境的改变上。如上所述,中国一些地方政府给外商投资的超国民待遇,通常造成了把不同投资主体划分为不同层级的投资环境,这种政策制度对于国内流通厂商来讲,是投资环境趋于恶化,它会减少国内流通厂商在该地区的投资。同时,跨国公司投资对流通产业组织也会产生影响,并通过这种影响来改变投资环境。关于这一点,可以从两方面来理解：一是超国民待遇会大大减少跨国公司在华投资的（交易）成本，客观上提高了它们的竞争力；二是跨国公司凭借雄厚资金和先进管理水平，会逐步占领中国流通产业的部分市场，当它们经营的单位商品销售价格和提供的服务价格趋于下降时，就有可能取得部分商品或服务的定价权。如果出现这样的情况，中国流通产业就会出现新的垄断主体，流通产业组织就会在国有流通厂商和跨国公司的双重作用下出现有限制的竞争局面，投资环境就会明显受这一局面的影响。

在现实中，流通厂商的投资环境通常是在市场制度和政策制度的合力下形成的，或者说，投资环境是市场制度和政策制度共同作用的结果。从产业组织的基本格局来做纯理论分析：当中国流通产业中的竞争占主导地位时，市场制度对投资环境的影响就远远大于政策制度；当流通产业中的垄断占主导地位时，政策制度对投资环境的影响就远远大于市场制度；当流通产业中的竞争和垄断并驾齐驱时，政策制度和市场制度对投资环境便具有大体相同的影响。但从现实来看问题，一方面，流通产业中的市场制度对投资环境的影响要远远大于政策制度，即便在中国经济体制转轨尚未完成的现阶段，也是如此。这便是对中国流通产业有可能但不一定会出现垄断之立论的现实背景。另一方面，政策制度与市场制度之间经常出现的摩擦或掣肘也会在客观上对投资环境产生影响，这种情况往往出现在经济体制落后或经济体制转轨尚未完成的国家。针对政策制度与市场制度的摩擦或掣肘所导致的不理想的投资环境，人们通常难以在较短时间内探寻到行之有效的应对手段，这可以认为是中国目前流通产业投资环境出现这样或那样问题的主因。

中国目前有些地区流通产业投资环境较好，有些地区流通产业投资环境较差，这是与地区产业组织基本格局相联系的。总的来讲，凡是竞争充分或市场制度较为完善的地区，凡是政策制度与市场制度的摩擦或掣肘较少的地区，流通产业的投资环境就比较好，反之则反是。近几年来，国内学者曾对中国一些典型地区的产业组织运行进行过制度分析、案例调查和实证研究，尽管这些分析和研究不是针对流通产业的，但其分析结论大多倾向于说明：中国不同地区政策制度与市场制度的合力对投资环境有不同影响,产业组织与投资环境有着很强的关联。因此,通过竞争和垄断来分析政策制度与市场制度对投资环境的影响,可以递延到研究流通厂商投资选择为何受制于投资环境。

五、流通厂商选择行为与投资环境制约

以上关于投资环境制约流通厂商投资的分析,是在注重理论分析,从而对中国流通产业组织做出概括性理解的基础上展开的。当我们联系厂商的具体选择行为时,我们对投资环境制约的解说则需要进行理论联系实际的进一步研究。流通厂商的投资选择在多大程度上和多大范围内受制于投资环境,既是一个制度安排问题,也是现实中一个具体操作问题。流通厂商面对既定的投资环境,它们的投资选择行为不仅要受到政策制度和市场制度的制约,也会受到诸如人文环境、地理位置、道德伦理、风土习俗等非正式制度安排的制约,并且还会受到公司内部治理和外部约束的制约。因此,分析和研究投资环境制约下的厂商选择行为,无疑要求我们扩大分析视阈。

(一)流通厂商投资环境的制度安排

流通厂商在某地区的投资选择受非正式制度制约,主要表现在由地理位置引致的运输成本,以及由人文环境、道德伦理和风土习俗决定的消费偏好等方面。如果我们不考虑影响运输成本和消费偏好的诸如产业关联度、交通网络、收入水平等制度因素的影响,单从纯粹的非正式制度制约来看问题,那么流通厂商投资选择受非正式制度制约可以表述为一个线性函数,这个线性函数的构成和特征已被很多经济学文献所描述。但我们应看到问题的另一方面,即随着正式制度引发地区性投资环境的改善,非正式制度对投资环境的制约将会趋于弱化,于是这个线性函数的构成和特征也会发生变化。在通常情况下,由于流通厂商投资选择是在大体上知悉非正式制度约束而就正式制度约束存在着信息不对称时做出的,因而流通厂商投资选择受正式制度的约束要远远大于非正式制度的约束。

流通厂商投资选择主要是针对是否在某地区进行投资以及怎样投

资来讲的。就某地区现存的投资环境而论,它主要是该地区前期正式制度作用的结果,也就是说,如果该地区前期实施了有利于改善投资环境的政策制度,并且市场制度也贯彻了有序的交易契约原则,那么,流通厂商在该地区投资选择的覆盖面就会扩大,该地区流通产业就会得到空前的发展。从这个意义上来讲,我们可以认为流通厂商投资选择与投资环境存在着正相关。反之,如果该地区前期实施了不利于改善投资环境的政策制度,市场制度没有体现市场机制的交易契约原则,那么,流通厂商在该地区就会减少投资甚至部分投资会退出,该地区流通产业就难以发展甚至出现萎缩,据此,我们可以认为流通厂商投资选择与投资环境存在着负相关。认识到这种正负相关性的存在很重要,它可以提醒地方政府在改善投资环境时对政策制度的重视,可以提醒地方政府尽可能少出台对投资环境有不确定性影响的政策制度,可以提醒地方政府通过优化非正式制度来改善投资环境。

地方政府政策制度对投资环境的改善,从而对扩大流通产业在该地区国民生产总值中比例的作用是不可忽视的。这个问题换一个角度来理解,便涉及流通厂商的投资选择。流通厂商的投资选择可以依据制度的不同层级来进行分析,在现实中,中央政府的政策制度属于宏观层次的制度安排,就此来讲,地方政府的政策制度属于微观层次的制度安排。由于宏观层次的制度安排在长期具有相对稳定性,我们可以考虑将宏观层次的制度安排视为既定,来分析微观层次的制度安排出现不既定情形时流通厂商的投资选择。这里对不同制度层级的既定与不既定的假设,简化了我们对流通厂商投资选择与投资环境相关性的分析。我们之所以认为可以做出这样的分析假设,是因为宏观层次制度对投资环境的影响通常要经由微观层次制度过滤后才发挥其效应。在不考虑非正式制度的情况下,这一过程可概括为"宏观层次制度→微观层次制度→投资环境→厂商投资选择"。当然,这种描述只是对制度作用于投资环境进而影响流通厂商投资选择的一种概括性的总览,并不能详尽说明这个总览框架中的机制。

但有必要指出的是,以上箭头所包含的指示义,包括"影响和决定"

两种含义。例如:我们以宏观层次制度"影响"微观层次制度来表述两个制度层级间关系,比宏观层次制度"决定"微观层次制度要到位一些;我们说微观层次制度"决定"投资环境,就比微观层次制度"影响"投资环境之表述要现实一些;我们以投资环境"影响"厂商选择行为,就比投资环境"决定"厂商选择行为要准确一些。同时,这些箭头还暗含着一种反馈关系,即微观层次制度及其效应会反馈于宏观层次制度,投资环境会反馈于微观层次制度,厂商投资选择会反馈于投资环境。我们在宏观层次制度既定的前提下,来分析不既定的微观层次制度所决定的投资环境对流通厂商投资选择行为的影响,至少要关注两方面的内容:①投资环境变化在哪些方面影响流通厂商投资选择行为;②流通厂商如何评判投资环境,其投资选择行为的依据是什么。

投资环境改善或恶化会激励或者弱化流通厂商的投资选择,这个结论只是对投资环境影响流通厂商投资选择行为的一种概要评说。

首先,现实中的投资环境会受既定的经济体制模式影响,特定的经济体制模式规定着宏观层次的经济制度安排,进而影响微观层次(地方政府)的经济制度安排。例如,中国现阶段转轨型的经济体制模式会在相当大的程度上和范围内决定宏观层次的经济制度安排,以至于使微观层次的经济制度具有明显的行政干预特征。这具体表现在地方政府招商引资的政策制度具有行政干预特征,它会在一些方面干扰或破坏市场制度的运行,于是该地区的投资环境便存在着恶化的可能。当流通厂商发现这一情形时,它们就会减少或停止在该地区的投资。

其次,投资环境变化与地方政府的战略理念有关,以经济持续发展理念来设计政策制度,通常是强调政策制度与市场制度的有机结合,淡化政策的行政干预,这样的投资环境就会吸引大量投资,流通产业组织就会呈现出充分竞争的格局,反之则会出现相反的情景。

再次,投资环境优化一般会带动周边地区投资环境优化,有可能使该地区的产业关联度、"中心-外围"经济圈不断扩大,从而使该地区成为流通厂商投资的重要目标。

最后,优化的投资环境还会通过诸如人口迁居量增加、消费升级、商业网络形成、地方经济增长等因素,进一步带来大量投资的涌入,以至于成为带动制造业等其他行业发展的领头羊。中国浙江义乌地区的小商品市场、绍兴柯桥的纺织品市场以及广东、山东、福建等东南沿海地区的一些著名商业圈,就是流通领域投资环境优化带动经济发展的写照。

投资环境是专业化市场或区域经济圈形成的基础,中国改革开放几十年来的大量事实表明,无论是在成功还是失败的案例中,厂商的投资选择都要受到投资环境的制约。流通厂商作为投资行为主体,它们如何评判投资环境?其投资选择的依据是什么?这是我们在分析流通厂商投资环境的制度约束时必须解释的问题。

像其他产业的厂商投资选择一样,流通厂商投资选择的动机、偏好和目的同样是追求自身利益的最大化。流通厂商选择到某一地区进行投资,不仅需要对该地区的地理位置、交通状况、人文条件、资源禀赋等非正式制度因素进行调查,而且需要对该地区的政策制度和市场制度等正式制度因素进行调查。这些调查涉及大量不确定的信息,而流通厂商要实现自身利益的最大化,就必须对这些信息进行搜集、整合、加工和处理,以判断该地区投资环境的优劣。当流通厂商经过对这些信息的搜集、整合、加工和处理而形成对该地区投资环境优劣的相应认知时,它们就会做出相应的投资选择,即认为该地区投资环境优异时会做出进行投资的决定,认为该地区投资环境不佳时会放弃投资。这可以理解为是流通厂商投资选择过程中受投资环境约束而出现的一般行为方式,我们可以把流通厂商这样的投资选择看成是理性选择。

总之,流通厂商的投资选择过程是投资环境约束其行为方式的过程。在这一过程中,它们一般进行理性选择,但其理性选择并不一定能够实现自身利益的最大化。特别地,当它们对信息的搜集、整合、加工和处理出现失误,从而对特定选择得出不正确的认知时,其投资选择便有可能导致损失。不过,即便出现这样的情况,流通厂商的投资选择仍然是理性的,或者说流通厂商的投资选择仍然没有脱离受投资环境约束的理性约束。另外,流通厂商的投资选择过程还包括一些本书没有谈及的诸如国际贸易形势变化、汇率波动、国内外突发事件等改变投资环境,从而对流通厂商投资选择有约束作用的内容,这些有待于我们深入研究。

(二)我国流通产业组织结构及其投资运行的概况

不同的市场治理结构对流通产业组织结构的重塑过程是产业内部不同厂商之间相互竞争的市场过程。竞争会导致流通产业中企业的优胜劣汰,会改变产业内部不同行业的数量及其比例。同时,跨国公司的进入会使商业业态和经营模式发生变化。所有这些都会引发流通产业组织结构的变更。

人们经常谈论流通产业组织结构的优化问题,这个问题涉及政府的产业规制。流通产业的低经济性进入壁垒的天然属性,以及 WTO 商业贸易原则的具体规定,在政策导向上支持着政府对流通产业的进入和价格管制的全面放松。但尽管如此,我国政府对流通产业仍然存在着一定程度的干预,这种情况在表明我国流通产业组织结构的形成和变化并不完全由市场决定的同时,也显露了我国流通产业组织结构的特点。

从理论上来考察治理结构的类型,我国现阶段流通产业的市场组织结构主要有以下三种类型:①单纯以市场治理决定的组织结构,它主要以经营规模较小且业态分散的零售商业为对象;②以等级交易的治理结构决定的组织结构,这主要出现于经营对象和模式相同或经营的商品具有上下游传递链的厂商之间;③由混合治理结构决定的组织结构,这种组织结构主要出现在与外商合资经营的流通企业群中。诚然,以上三种类型的产业组织结构的现实运行往往是交织在一起的,并且它们之间也存在着契约关系,但从各自的性质规定来考察,这三种组织结构在契约的签订、执行和调整等方面则有着各自的特点,揭示这些特点有助于对我国现阶段流通产业之组织结构的了解。

概括而论,第①种类型的组织结构具有两个显著的特点:一是处于这种结构中的厂商在流通产业中数量较大,二是该结构中的厂商创造的国民收入和提供的税收较少。在这一组织结构中,商业经营的不确定性较低,厂商之间的契约风险较低,厂商在签订和执行契约时所支付的交易成本较少,机会主义行为较少。这两低两少现象使得市场治理结构能够维系这种类型的产业组织结构的运转。第②种类型的组织结构是一种以合并为特征的结构,产权的集中化限制了非所有者侵蚀资产的可能,但厂商内部的规章和管制约束,会致使厂商规避本应遵守的运用于外部关系的标准契约法规,这会导致厂商内部法人治理结构设计的困难和由这种组织结构特点所诱导的机会主义行为,这两种后果的防范需要支付交易成本。第③种类型的组织结构实际上是两种不同政治和经济背景下的混合制度安排,外商和内商的合资经营是有契约风险的,而其组织结构是这种风险的承担者,因而在契约签订的过程中支付交易成本是不可避免的。

当我们将分析视角转移到三种类型的组织结构之间的契约关系及其交易时,无论是第①种组织结构类型的厂商与第②、③种类型厂商之间的交易,还是第②种组织结构类型的厂商与第①、③种类型厂商之间的交易,或第③种组织结构类型的厂商与第①、②种类型厂商之间的交易,机会主义和契约风险以及由此引致的交易成本都是普遍存在的。不过,就中国现阶段流通产业的情况来说,第③种类型的组织结构暴露出来的问题要多些,这些问题集中反映在投资运行方面。下面,我们来讨论中国流通产业中外资商业大举进入情形下的投资运行特点。

中国的经济体制改革在流通领域的市场反应是在外资商业大举进入的背景下,国内部分商家的投资决策越来越倾向于合资经营的投资模式。这种模式的契约形式可谓是中国式的混合治理结构,这样的理解是基于外商与内商在契约制订和调整中的信息不对称。外商所掌握的信息优势通常集中体现在资产专用性、经营管理模式、经验和技术等方面,内商所掌握的信息优势则主要反映在对投资区域的经济、政治、文化以及与此相对应的资源拥有和控制等方面。在通常的情况下,内外商之间就某一具体的投资项目签订契约时,双方都有着为取得有利的契约条件而隐瞒或扭曲信息的内在驱动力,尽管契约是在讨价还价的过程中完成的,市场治理的特征十分明显,但由于这种契约形式所内蕴的机会主义行为同中国特定的投资环境存在着极强的关联,因此,可以将其理解为是中国现阶段流通产业中合资经营的一种投资运行特征。

目前,国内商家极愿采取的一种投资策略是将自己掌握的土地资源,或在闹市区拥有的建筑物和其他资产,或同地方政府的特殊关系及其他信息资源,作为与外资进行契约谈判的筹码,以获取项目投资的资金。这种投资运行模式被欠发达国家的政府和厂商广泛采用,通常是为了拓宽融资渠道。由于国内商家的投资决策往往注重外资商业的品牌效应、专业化程度、经营模式以及由上述因素所派生的市场占有率预期,于是,中国流通产业中的与外资商业合资经营的比重在逐年上升,但由于内商独资经营的投资项目仍然占相当大的比例,因此,中国流通产业中的投资运行出现了较为明显的内外商合资和内商独资二元化格局。

但是,外资商业所引入的以成熟的市场体制为基础的经营模式并不一定适合于我国。中国一些商家在进行投资决策时不重视投资周期对投资效率的制约,简单地把市场供求、领先的经营模式、消费时尚等作为投资决策的主要依据,于是,流通产业会经常出现短平快的投资项目。这种现象的出现,是因为中国加入 WTO 以后对流通产业的管制全面放松,但更重要的则是内商利用外资解决了投资资金问题。眼下,中国厂商签订投资项目之契约时,关注的不是契约风险和交易成本,而是投资资金的获取和项目的大小。似乎凡是合资项目就前景光明,反映同一种商业文化和经营模式的投资项目遍及全国,厂商很少顾及这些投资项目是否超越大众的需求心理或需求层次,会不会造成投资决策的低效率。值得说明的是,以上内外商合资经营的投资运行情形是与第③种类型的组织结构的制度支持分不开的,应该引起我们的重视。

体制转轨和全面融入 WTO 还在其他方面影响中国流通产业的投资运行特点。随着流通产业的宏观调控范围的缩小和力度的减小,流通业态容易出现紊乱,流通产业的内部结构也会经常出现不均衡,政府难以在政策上对流通领域投资所引致的市场不理想状况进行宏观调控。由于流通产业投资的分散性以及我国现阶段全面履行 WTO 有关外资商业在华投资权益的相关条款,政府既不能通过投资制度安排约束国内商家的投资选择,也不能通过规制政策限制外资商业的在华投资。调控"政策与市场机制→投资制度安排→厂商投资决策→融资渠道→投资项目"的过程是直接投资过程,"流通产业结构→市场商品供应格局→调控政策"的过程则是非直接投资过程。较之于其他产业的投资运行,流通产业投资运行的特征会更多地蕴含于这两大过程之中的诸环节。这种情况在中央和地方两级政府的调控中会显露出零乱或非持续的特征。

(三)基于现实的再思考

厂商投资环境的制度约束问题是一个涉及正式和非正式制度、竞争和垄断、产业组织变动、厂商投资选择等的系统性问题。相对于正式制度,非正式制度对厂商投资环境的约束要显得简单一些。正式制度对厂商投资环境的约束之所以会出现较为复杂的局面,主要是因为政策制度与市场制度对竞争和垄断及其产业组织具有极强的不确定性,这种不确定性在地方政府政策制度的作用下,容易致使不同地区因政策制度差异出现不同的投资环境。从宏观调控政策对投资环境的影响来看,中央政府设计产业政策、财政政策和货币政策,要关注其对地方政策制度的规范和限制,这是制度约束投资环境的第一个层面的内容。第二个层面的内容是地方政府在利用政策制度来改善投资环境时,一方面要兼顾市场制度来设计政策制度,尽可能考虑政策制度与市场制度合力对投资环境的影响和作用;另一方面要兼顾非正式制度对投资环境的作用,让正式制度与非正式制度能够有机结合。如果地方政府的政策制度能够很好地兼顾这两个层面,投资环境就有可能在政策制度的导引下得到改善。

流通厂商投资环境的制度约束有其自身的特征,这是由流通产业不同于其他产业的运行特点所决定的。我们不能仅仅依据流通产业竞争充分的事实,就淡化流通产业组织中有可能出现的垄断现象。流通产业组织既是市场制度运行的结果,也是影响投资环境形成和变化的重要因素。当我们把流通产业组织与投资环境变化放在同一框架内进行考察时,实际上是主张把政策制度和市场制度的合力作为研究投资环境之制度约束的参照系。这一分析视角跳出了单纯研究政策制度对投资环境影响的做法。假如这一分析视角能得到延伸,并能取得有助于推进流通产业组织变化如何约束投资环境的研究,则可以提醒(地方)政府尽量减少对流通领域的行政干预或以跨国公司为对象的超国民待遇政策,以维持流通领域的充分竞争,避免有可能出现的垄断。同时,也可以提醒政府通过改变流通产业组织的制度和政策来改善投资环境。

中国流通厂商投资环境的制度约束，以政策制度的设计而言，主要发生在地方政府保护地区利益和保护国有商业集团利益等方面，以市场制度的维护而言，则表现在没有充分顾及某些政策制度有可能削弱市场机制。在不考虑地理位置、资源禀赋、交通运输条件和其他基础设施配套的情况下，某一地区流通厂商投资环境的制度约束究竟有多大，能不能吸引大量投资，则基本取决于该地区的政策制度存不存在投资歧视，取决于该地区的市场制度能不能维持充分竞争。但现阶段在中国，大部分地区尚不能消除投资歧视和维持充分竞争，因此，即便有些地区的地理位置、资源禀赋、交通运输和其他基础设施配套条件良好，这些地区也难以形成较好的投资环境。这个观点的理论依据仍然是投资环境受政策制度和市场制度合力约束的分析思想，它需要研究者对典型地区进行实证分析来佐证。如果这方面的实证研究置信度较高，它无疑会给政府设计政策制度提供有价值的思想材料。

流通厂商的投资环境是不断变化的，除了制度的作用力以外，它的变化还要依赖于厂商投资。诚然，厂商在某地区的理性投资选择在很大程度上取决于该地区的投资环境，但厂商在某地区的投资选择结果却会为该地区后续改变投资环境提供经济基础。因此，地方政府要通过设计政策制度和维护市场制度有效运行来改善投资环境，进而实现吸引大量投资的良性循环，就必须在设计政策制度时研究厂商的投资选择行为，只有这样，才能逐步减少流通厂商投资环境的政策制度约束。

现阶段，中国由市场机制规定的投资制度安排对流通产业投资运行的影响主要是通过价格信号、市场供求、商业运作模式等来实现的，因此，较之其他产业，流通产业投资决策的形成通常表现出迅速依据市场信号做出反应的特征。但是，依据市场信号做出投资决策，终究是要通过契约的签订、执行等来完成的。如上所述，中国流通产业三种类型的组织结构构成了一个较为复杂的市场治理结构，彼此之间的信息不对称通常会导致机会主义行为，这便会引起流通产业投资运行的无秩序。同时，由于宏观调控在流通领域中的能量和空间比例都在缩小，市场机制决定的投资制度安排便构成了影响商家投资决策的主要形式。这也可以理解为是中国现阶段流通产业投资运行的特点之一。

流通产业投资运行的特点在相当大的程度上与其产业组织结构有关，而产业组织结构则是同企业内部的法人治理结构相关的。中国流通厂商大多采取现代企业制度，其投资决策的原则和程序也是在法人治理结构的框架下实行的，但投资决策方案基本上是按大股东的意志确定的，这种情形容易引致流通企业在投资项目决定、融资渠道选择、合伙经营对象确定等环节无摩擦，也就是说，较之于股权分散的法人治理结构的决策体系，或较之于其他产业的投资决策程序和原则，其投资决策过程更顺利。然而，中国流通产业这一投资运行的特点是以三种不同类型的组织结构为基础的，它对应三种不同的市场治理类型，当组织结构或治理结构发生掣肘时，整个投资运行体系将会出现由契约纷争引起的摩擦。当然，如果我们将这种摩擦解说成流通产业投资运行的特点，尚需要深入地加以论证。

联系外资商业大举进入来看问题，中国流通产业将资金充足的外资商业作为投资合作伙伴，除了出于引入先进的管理模式和现代经营理念的考虑，还同融资渠道和投资项目确定所需的时间要求有关。体制转轨的国家经常出现的重大问题之一是经济体系中不同区域之间的不协调。融资渠道和投资项目确定的时间要求在很大程度上取决于金融市场的深化状态，具体地说，就是依赖于初级金融工具和次级金融工具的运用程度与范围。由于中国目前正处于金融抑制向金融深化的过渡阶段，初级金融工具和次级金融工具的运用程度与范围尚不足以给商家提供充足的资金供应支持。虽然这个问题与产业的组织结构没有直接的关联，但严格来讲，它与市场治理结构相关。融资渠道不畅会促使企业在金融体系之外搜寻投资合作的伙伴。因此，中国现阶段流通产业投资运行的另一重要特点表现为，企业的投资决策、融资和项目确定等实际过程有依赖于外资并且其规模、覆盖面趋于扩大，速度也有加快的趋势。

总之，本章基于对"不确定性引发契约风险"的理解，在理论层面上结合我国的实际，对流通产业的组织结构及其投资运行展开了讨论，认为流通产业的组织结构的形成在很大程度上与市场治理结构有关,对市场治理结构的讨论可以归结为对契约的讨论。中国现阶段流通产业所表现出来的问题主要反映为市场治理结构的多元化,这种多元化在投资决策、融资渠道、投资合作伙伴等方面显示了中国流通产业投资运行的特点。如果我们能够沿着这一认识来理解中国的现实,或许能对中国流通产业的研究产生一些新的认识。

第四章
流通产业进入管制和商品市场分割

一、管制经济学对流通产业进入壁垒的解释

关于流通产业是否有必要进行政府管制的分析和研究,通常是从管制需要和管制限制两方面展开的,但这两大理论关于需求和限制的理解在边界与内涵上似乎模糊不清。我们姑且不论这两大理论在这方面的精确性,将其解读为管制需要论（helping-hand view）和管制限制论（grabbing-hand view）。以管制需要论的观点而言,其代表人物庇古的理论被学术界称为管制标准化理论。该理论主张非管制的市场时常存在失灵,其范围从垄断势力到外部性,一个追求社会效率的政府面对这些失灵必须通过管制来保护公共利益。该理论预测,进入管制越严格,社会效益越优。就管制限制论而言,其代表人物为施蒂格勒和德·索托。施蒂格勒认为管制是产业发展的需要,管制规则的设计和运作是为了产业利润,进入管制将竞争对手置于产业外,将会增加产业内的利润;但如果管制将进入壁垒设定得很高,就有可能导致较大的市场势力和利润,从而造成消费者获利微薄。但从较为复杂的层面上看这一问题时,德·索托则认为管制与政客和官僚主义是联系在一起的,政客使用管制支持有关企业和其他政治机构以获取选票。同时,施莱费尔和维什尼提出,与上述情况相对应的许可证及其管制存在的一个重要目的,可能是

赋予官员否定的权力,以至于反过来提供行贿的可能性。

但是,在我们看来,无论是从管制需要论还是从管制限制论来考察中国的问题,中国的流通产业都应该在一定程度上和一定范围内实施必要的管制。随着中国加入WTO之后保护期的结束,2004年12月11日起外资进入中国零售业已经不再受地域、股权等方面的限制。① 显然,中国流通产业的经营已明显同跨国流通集团有着密切的关联,这种情况意味着中国众多刚刚成长起来的流通厂商将会面临较大的压力,而这种压力在伴随着零售店铺无序扩张的情况下,将引发人们关于政府究竟要不要对其进行管制的讨论。联系以上的管制需要和管制限制这两大理论来分析,我们以为,对于传统理论普遍认为流通产业是纯竞争而应减少政府干预的观点,要以不同国家的现状为依据,而不能套用某些现有的理论。事实上,政府产业管制的目的是解决市场失灵问题。就中国现阶段的情况而论,流通产业的经营正逐步遭受国外跨国流通集团的"侵蚀",我们可以将这种侵蚀理解为我国流通产业在成本、价格、进入、利润以及与此相关的竞争等方面正面临较为不利的局面,而要摆脱这种不利的局面,确实需要政府对流通产业实行一些必要的管制,尤其是要实施进入管制。

众所周知,政府进行管制的原因是产业的进入壁垒,而进入壁垒根植于由规模经济、产品差异或特有资源所规定的产业自然垄断。贝恩和施蒂格勒对于进入管制概念的解析,曾着重从在位者和进入者之间存在成本不对称展开过研究。他们认为规模经济、资源需要量、产品差异等并不必然构成进入壁垒,主张在适当的情形下实施以进入壁垒为特征的政府管制。关于这一点,泰勒尔、鲍莫尔、斯宾塞也有类似的观点,他们以博弈论为分析工具,研究了企业之间的不同行为,认为环境和信息的变化要求政府对产业实行必要的管制。结合流通产业来理解,这些观点

---

① 国际有关咨询机构和中国一些专家曾做过一项预测,按目前外资进入中国流通领域的速度,用不了5年时间,中国大中城市的市场格局将是:外资大型流通企业占据市场总份额的60%以上,完全掌握中国的流通主渠道和经济命脉;中国大型流通企业占30%的市场份额;中小流通企业占10%的市场份额。而且,排名前五位的零售商将全都是外国零售企业(杜丹清:《论对外开放条件下中国商贸流通领域的政府规制》,《商业经济文荟》2003年第6期)。

对我们分析和研究中国目前流通产业的运行状况的确有一定的借鉴作用。

国内学者有关中国流通产业是否要进行政府管制的分析则是众说纷纭。肖怡认为,流通产业是否要政府管制,关键在于流通产业是否存在着过度竞争所引起的低效率。陈富良、杨蕙馨、曾建海、陈明森、董进才等人则认为必须加快流通产业进入管制的制度创新。诚然,西方学者的某些经典论述为我们研究中国的现实问题提供了某些理论分析路径,但由于中国的现实背景不同于西方,我们研究流通产业究竟要不要进行政府管制必须从中国的实际出发。基于这样的考虑,我们认为,有必要把西方经典理论的某些机制性论述与中国实际结合起来,对流通产业的制度创新做出一些符合实际的考察。本章试图在这些方面进行一些分析性的尝试。

二、中国流通产业进入管制的现状分析

分析和研究流通产业的运转离不开对企业组织模式的解析。产业组织理论的 SCP 框架,即"结构-行为-绩效"的分析范式,是解析这一问题的一个可供良好使用的分析工具。一般来说,市场和产业特点及其构成要素反映厂商的经营环境,这些要素在特定的时空形成特定的市场结构。以这种结构分析产业集中、差异化、进退出壁垒影响厂商的行为及其绩效,包含以下几个方面的内容。

第一,产业集中度低,规模经济效应便不显著。中国的情况为这一论点提供了佐证。中国流通产业的集中度呈现下降趋势:1993 年全国最大的 100 家大型零售企业销售收入净额占社会消费品零售总额的 3.3%,1995 年占 2.9%,1996 年占 2.7%。商务部、国务院发展研究中心联合课题组的研究显示,目前中国零售业的零散度高达 90%,而欧美国家只有 40% 左右,日本为 50%。规模效益普遍不佳,目前,在全国 1700 多万个流通主体中,93% 为单体经营的个体商户,规模以上流通企业比重仅为 1%,销售额亿元以上的大型流通企业仅有 200 多家,销售额超过百亿元的仅有 10 余家。

第二，产业和产品差异化水平低，企业不具有核心竞争力。以中国的外资流通企业为例，从 1992 年中国商业领域利用外资开始，截至 2004 年 10 月，商业领域实际利用外资达到 42 亿美元。外资商业企业达到 295 家，其中绝大部分为新型流通业态，这可以在很大程度上说明中国较低的产业差异化水平。在面对跨国流通企业的竞争压力时，政府将面临要不要进行管制的困难选择。

第三，进入壁垒显著，有可能产生规模经济，但也有可能以整个市场的低效率为代价。从不利于竞争来看，以下数据倒是给我们很大的启迪：中国商业联合会 2005 年的统计分析显示，2001 年中国零售百强总销售额占全社会零售消费品总额的不到 10%，2002 年仅占 6%，2005 回升到 10%。效益普遍不佳，2005 年在零售企业百强中，国有独资或国有控股、外资、民营企业的商品销售额占零售企业百强商品销售总额的比重分别为 56.2%、30.2% 和 13.7%，但民营企业、外资企业的商品销售额增长速度分别为 48.3% 和 30.2%，快于国有独资或国有控股的大型零售企业 20.4% 的商品销售额增长速度。从这些数据出发，要求政府对流通产业实行适当管制的呼声或许会多一些。

我们之所以倾向于主张政府对流通产业实行一定程度的管制，是因为流通产业存在着进入壁垒低的特殊性。首先，与工业企业相比，流通企业开办容易，只要有几平方米的门店，选址合理，定位恰当，就能在市场上找到生存空间。其次，流通产业产品差异化水平低，使得拟进入该领域的新企业无须在销售和服务上花很大的气力便可进入。再次，流通产业并非技术密集型产业，新企业开办时购进设备、引进技术、培训人员等费用均不高，绝对费用与资源占有壁垒也较低。从相对费用壁垒来看，目前已经形成的买方市场使得新进入企业在寻找供应商、签约、履约等方面所发生的交易费用与原有企业相比并不大。最后，在中国加入 WTO 的相关协议中，流通业（如零售业）是中国加入 WTO 后开放最早、开放力度最大的服务性行业之一，原来对国外零售行业巨头的制度性壁垒亦不复存在。因此，倘若政府完全放松对流通产业的管制，那么，中国流通产业效率低下的局面便难以得到改变。

论及中国现阶段流通产业的市场结构,分析的延伸自然要求我们关注市场行为。概括而论,中国现阶段流通产业组织的市场行为明显具有以下三方面的特征。

第一,专业化分工协作水平低,流通厂商往往各自为战,盲目发展。流通体制改革在给企业带来了生机与活力的同时,客观上又造成批发、零售、储运各自分割的局面。加之小商人经营思想、行政条块管理的影响,分割状态下的批发、零售、储运企业无法走向联合,出现了规模过大或过小的极端发展情形。仅盲目扩大规模行为而言,据原内贸部的统计,全国 100 多个大中城市营业面积在 5000 平方米以上的大商场有 700 多家,而销售额却没有与营业面积扩大同步增长,利润水平还下降了。同时,家电、服装、汽车等产业的厂家自办销售,甚至自办延伸至最终消费者的销售网络已经成了一种趋势,工业企业自办销售带来的是专业化分工效应的进一步萎缩和社会资源的浪费。

第二,流通组织间的竞争仍停留在低水平的过度竞争。到 2020 年为止,我国商业企业依赖的核心竞争力主要还是商业地理位置和价格战、广告战等,外国商业零售业在我国能够因企造市,而大部分国内企业还只是因市兴企。流通产业的经营主体是在低水平上迅速膨胀的,为了争夺购买者,企业之间不可避免地发生低水平的过度竞争,广告战就是一个典型的例证。根据点击通过率(click-through-rate,CTR)计算得出,中国 2005 年广告支出约为 300 亿美元,与英国和德国并列第三名,成为仅次于美国和日本的世界第三大广告市场。外国公司的广告支出占我国广告支出总额的 30％,其余大多为国内品牌的广告。

第三,地方行政性垄断、市场分割加剧,造成异地市场的高进入壁垒。在由计划经济向市场经济过渡的过程中,中国出现的垄断现象主要是地方行政性垄断。例如,一些地方及部门为排斥异地企业进入本地市场时常制造地方性垄断,在制造业、国内批发、零售商业、对外贸易、交通通信、金融保险、建筑等行业设计苛刻的准入政策。一些大型项目的交易不采取公开拍卖的方法,长期维持内部审批、小范围招标和行政分配,排斥异地企业。地方行政性垄断的危害是:排斥地区间的正常竞争,分割市场,形成经济性、强制性和保守性的封闭环境,妨碍商业资源的合理配置。

资源配置合理与否通常在市场绩效方面得到反映。如果市场绩效低下,则会给政府管制流通产业提供依据。商务部、国务院发展研究中心联合课题组的研究显示:2010—2020年,中国流通产业创造的增加值在 GDP 中的比重相对稳定,长期保持在 8%左右,与发达国家在 20 世纪 90 年代达到 15%以上水平相比,中国流通产业的市场绩效不够理想。从这个角度来说,政府的宏观调控应该解决诸如流通速度慢、商品库存率高、物流成本过高等问题,而要解决这类问题,必须通过理论和实践来说明中国现阶段流通产业存在着严重的不规模经济。① 以流通速度而言,中国国有商业流动资本年平均周转次数为 2.3 次,而日本为 15～18 次,跨国连锁公司(如沃尔玛、麦德龙)为 20～30 次。以库存率来说,2004 年末中国批发和零售商业库存占当年销售额的 6.37%,而美国、日本、德国等国的库存率通常维系在 1.14%～1.29%。以物流成本而言,据世界银行测算,中国物流成本占 GDP 的比重为 16.7%,而美国只有 10.1%。由此可见,中国流通产业的市场绩效是令人担忧的。

当然,流通产业效率低下的原因是多方面的,它既有体制转轨摩擦引起的制度安排方面的因素,也有市场制度本身的因素,但政府没有对流通产业实施必要的进入管制,则是市场效率低下的一个重要原因。鉴于这样的理解,我们有必要对政府放松进入管制做一番说明。

三、中国流通产业市场绩效低下的成因分析

企业分散投资会形成一种牺牲市场绩效的市场结构,而在这种市场结构中的企业行为会由于股份制企业系统的变异而偏离市场机制的原则。因此,如果我们套用 SCP 范式来解析中国流通产业的市场结构、行

---

① 对于这个问题的深入分析,涉及流通产业是否同样存在着自然垄断现象。如果存在着自然垄断,亦即大规模的个别流通厂商能够比单个或两个以上流通厂商以更低成本提供产品的物流量,那么,政府理应对流通产业进行管制。

为和绩效,企业运行制度背景的差异实际上已经完全否定了该范式的直接应用性。也就是说,中国的流通产业在市场结构、行为和绩效方面有着自己特定的运行轨迹,其可以理解为是中国流通产业市场绩效低下在微观基础方面所规定的成因机制。

经济体制转轨在很大程度上决定了产业政策的不确定性,而产业政策的不确定性往往会造成管制政策体系的不完善,或者说对某些产业管制有余而对某些产业管制不足的情况。例如,中国对公用事业的管制是全方位的,价格管制、进入管制等政策在很大程度上显示了宏观调控的力度,但对流通产业则是采取放松管制的政策。与这些政策相匹配的是,政府对流通产业缺乏真正意义上的管制主体。例如:就内贸而言,国内贸易部撤销后,国内贸易局接管其职能;而国内贸易局被撤销后,其职能又被移至国家经贸委管辖的贸易市场局。这种走马灯似的部门撤换及相应职能的变更无疑会对市场结构、行为和绩效产生不良影响,各地区有关流通产业的职能管理也会随着政府职能机构的反复更替而在市场管理方面显得束手无策。客观地说,这可以理解为中国流通产业市场绩效不佳在宏观管理层面上的形成机制。

值得指出的是,无论是微观还是宏观上的形成机制,均同政策的具体实施以及企业的行为反应存在联系。总的来说,在缺乏完善的政策体系从而政府管制不强的情况下,企业进入流通产业的投资便不可避免地具有很强的随机性,这种随机性在信息不对称背景下就会演化成一种资源配置失当的投资决策。虽然流通产业的资产专用性水平较第一、第二产业要低一些,但流通产业较高的商品库存给投资带来的损失对市场绩效的影响也是很明显的。同时,随着地方保护主义的升温,企业很容易将投资资金投向政府支持的产业或部门,而流通产业投资周期短、见效快的特点,很容易导致投资在这一领域的失控,以至于造成市场绩效低下的格局。从高度概括的层次上来理解,中国现阶段实际上形成了一种机制驱动的格局,即"体制转轨摩擦→政策体系不确定→中央和地方放松对流通产业的管制→企业投资分散无序→市场绩效低下"。

四、内生交易费用与商品市场分割

中国国内的商品市场正呈现出日益整合的趋势。[①] 尽管这种趋势目前仍然受商品市场分割的干扰，但其整合的特征已较为明显。学术界曾对这种状况展开过讨论，主要观点是认为中国的分权结构和地方政府的保护主义行为是地区间商品市场分割、重复建设与大量资源误配置的重要原因。[②] 大部分针对我国国内商品市场的分析和研究，其检验方法主要有贸易流量法（或商业周期法）、生产法和价格法。贸易流量法所选取的指标较难剔除要素禀赋、规模经济对贸易流的影响，而生产法不足以表现所选指标和地方保护、商品市场分割程度的关系（范爱军等，2007）。相对而论，以"一价定律"为标准的相对价格法越来越受到国内学者的欢迎，并且大多得出了中国商品市场总体趋于整合的结论（桂琦寒等，2006）。

在采用比较检验方法测度我国商品市场分割程度之外，学术界重点研究了导致商品市场分割和阻碍商品市场整合的因素。其中，地方保护、行政性分权等涉及政府层面的因素对商品市场分割具有较大影响，而这也是中国经济转轨期特有的现象（白重恩等，2004；银温泉和才婉茹，2001；黄赜林和王敬云，2006）。借此，学者们基于结论的建议大多指向政府层面。但似乎有两个问题并没有引起足够的重视。一是在目前依旧实行中央向地方分权的背景下，在没有明显证据表明地方政府对于商品市场的保护变弱的情况下，学者们所得出的关于中国商品市场逐渐走向整合的原因为何。二是指向地方政府的提议尽管具有针对性，但这方面的改革必然涉及经济体制改革，如此又该怎样在短期内应对商品市场分割问题。

针对上述问题，有学者研究了我国渐进式制度变迁模型，发现在中

[①] Naughton B. "How much can regional integration do to unify china's markets?", Conference for Research on Economic Development and Policy, Stanford University, 1999.

[②] Young A. "The Razor's edge: Distortion and incremental reform in the People's Republic of China.", *Quarterly Journal of Economics*, 2000(4): 1091 – 1135.

央向地方行政分权的背景下,地方政府官员有捕捉潜在制度收益的动机(杨瑞龙,1998)。与此同时,不断引入的市场经济在一定程度上弥补了地方保护对经济发展的不利影响。由此,王晓东和张昊(2012)认为存在以企业为微观主体的非政府力量,其行为体现了"看不见的手"在资源配置与商品流通中的作用,从而对商品市场分割起着缓和作用。如上文所述,现有文献回答了导致中国商品市场分割的诸多原因,但无法回答中国商品市场逐渐走向整合的真正原因。而互联网经济的兴起,特别是电子商务的发展对消弭市场分割的作用何在?我们认为,互联网企业的出现,特别是互联网平台在降低交易费用尤其是信息搜寻成本上有很多优势,从而促进了商品市场的整合。基于此,本章尝试:①将交易费用纳入柯布-道格拉斯效用函数,提出"商品市场从分割走向一体化的三阶段假说",旨在解释商品市场分割和整合的内在机制以及交易费用对购买者效用的影响;②以互联网企业为微观主体的代表,探讨其产生的原因以及在降低交易费用、促进商品市场整合方面的机制。

（一）基本理论假定与说明

为了简化对商品市场分割向整合转换的分析,本章假定存在本地市场和外地市场,以及本地市场销售商 C、外地市场销售商 D、本地市场购买者 E。基本理论假定如下:①流通产业近乎为完全竞争产业;②本地市场与外地市场间存在导致商品市场分割的因素;③本地市场购买者具有主动搜寻外地市场产品信息的动机。

1."流通产业近乎为完全竞争产业"的假定

流通产业是完全竞争产业还是垄断竞争产业,取决于对产品异质性的认识。古典学派和新古典学派都倾向于认为流通产业不存在由产品的自然属性所决定的产品差异性(何大安,2008),进而认定流通产业是不存在自然垄断的完全竞争市场。流通产业中存在单纯由市场治理决定的组织结构,它主要以经营规模较小且业态分散的零售商业为对象(程艳,2007)。从产品差异性壁垒、规模经济壁垒和相对费用壁垒来看,中国流通产业的进入壁垒较低,市场竞争激烈(文启湘和赵玻论,2003)。基于流通产业的运行特征,学术界通常认为流通产业的市场结构近似于完全竞争（何大安，2007）。

在商品经济发展初期，流通企业数量众多且规模较小，基本上处于自由竞争状态（晏维龙等，2004）。我们假设流通产业是近似完全竞争市场，但并不否定哈佛学派 SCP 范式下的产品异质性假定。流通产业内的产品异质性是广泛存在的，但产品间存在相当大的替代性。具有替代性的产品并非完全同质，但就满足购买者的某一功能而言，具有替代性的产品往往具有近似相等的市场价格。

2."本地市场与外地市场间存在商品市场分割因素"的假定

导致商品市场分割的因素在一定时期和范围内很难消除，主要包括运输费用、风俗习惯等因素（石磊和马士国，2006）和非自然因素。自然商品市场分割是不可消除的，因而更多的研究集中在对非自然因素导致的商品市场分割上。地方保护是商品市场分割的重要原因，地方政府的保护行为促进了市场的分割（白重恩等，2004）。更一般地说，中国经济转轨过程中的财政大包干、国企事实上的地方所有制等行政性分权是商品市场分割的深层次原因（银温泉和才婉茹，2001）。更多围绕地方政府的研究发现，国有企业就业比重、政府消费的相对规模和政府财政支出加剧了商品市场分割（桂琦寒等，2006；范爱军等，2007）。

从 20 世纪 90 年代以来，中央向地方政府分权是我国改革过程中的一大亮点和主流。具有"保护市场的联邦主义"（market-preserving federalism，MPF）特色的中国地方政府在追求地方经济增长和税收最大化的目标时，基于预算硬约束条件，成功复制了市场竞争机制（杨其静和聂辉华，2008），引发了中国省际商品市场竞争，从而形成非常独特的"块状经济"。然而这种由分权行为带来地方间经济竞争的直接后果是中国国内、省份内的商品市场分割问题，严重阻碍了中国一体化市场的形成和要素资源的自由流动。本章关于本地市场与外地市场存在商品市场分割因素的假定，不仅是建立在以往研究结论的基础上，更是承认市场间的确存在商品市场分割的因素。已有学者研究发现，中央政府采取不同政绩考核方式或者在相同政绩考核方式下采用不同措施，以及针对不同行业特点构建和谐的国内贸易市场，有助于消除地方政府等非自然因素,从而促进商品市场整合(皮建才,2008;黄赜林和王敬云,2006)。然而,运输费用、风俗习惯、地理隔绝等因素的影响却是很难消除的。

以上分析表明,导致商品市场分割的因素将长期存在,其带来的结果是市场间的信息不对称和交易费用的存在。由于流通渠道的高效性,这种信息不对称并不存在于本地市场销售者和外地市场销售者之间,而是存在于本地市场购买者和外地市场销售者之间。受制于距离、交通和信息获取手段,本地市场购买者很难了解到外地市场同款或类似产品的信息。商品市场分割因素的存在也暗含一种假设,即交易费用的存在。它是"通过价格机制组织生存的,最明显的成本就是所有发现相对价格的成本"、"市场上发生的每一笔交易的谈判和签约的费用"及"利用价格机制存在的其他方面的成本"。[1] 商品市场分割和信息不对称加剧了"发现相对价格的成本"。

3."本地市场购买者具有主动搜寻外地市场产品信息的动机"的假定

信息不对称造成了本地市场购买者无法准确获知市场相对价格,每个购买者均不知道他们所能够购买产品的最低价格。出于效用最大化的目标,每个购买者都致力于搜寻产品价格信息。"搜寻"可以定义为一个从大量卖方中寻找最低产品售价的过程,每个购买者都致力于寻找最接近自己心目中预期的最低产品价格。[2] 搜寻过程本身和信息并不是零成本的,这就构成了购买者交易费用中重要的一块。然而,搜寻成本或者说交易费用的存在并不能否定搜寻和市场交易的合理性,可将其定义为购买者的非理性行为。

信息的不对称使得购买者并不能及时获得市场上关于产品价格的信息,信息经济学认为,购买者心目中期望的最低产品价格是他们最愿意接受的价格。因而,理性经济人会致力于搜寻市场中的产品价格信息,产品价格越接近心目中的期望价格,购买者期望效用的满足就越

---

① Coase R H."The nature of the firm",*Economica*,19374(16):386－405.

② Stigler G J."The economics of information",*Journal of Political Economy*,1961(3):213－225.

大，也就是当前效用最大。理论上，由于交易费用的存在，必然存在这样一个均衡点，在该点时搜寻到的产品价格每降低一单位所带来的期望效用满足的增加等于搜寻这一产品信息所增加的交易费用。只要购买者不是完全非理性者，那么购买者随着理性水平的提高将无限接近于这一点。基于以上分析，本章假定的"本地市场购买者具有主动搜寻外地市场产品信息的动机"并不包括完全非理性人，而是将购买者定义为具有从事经济活动能力的人，也就具备了搜寻产品价格信息的动机。

正是基于以上三条基本的理论假定，本章提出并推演了以交易费用为核心的商品市场从分割走向一体化的三阶段理论假说：假定 1 主要体现了在第一阶段本地和外地市场的产品价格的一致，这是整个三阶段理论假说价格变化的起点；假定 2 保证了本书研究的商品市场最初是处于分割状态的；假定 3 则是商品市场演化的内在需求动力。

(二)商品市场从分割走向一体化的三阶段理论假说

借助于"经济一体化"的概念，我们将"市场一体化"定义为地理上分开的经济单元间市场的完全联合，倡导市场的交易成本降低，以实现产品和要素的自由流动(屈子力，2003)，并用"一价定律"进行衡量。两地同质产品或替代性强的产品在各地市场上的实际销售价格之比 r 越接近于 1，市场一体化程度越高。

假设存在两种商品 a 和 b，分别在本地市场和外地市场销售，两种商品均满足消费者同一种功能性需求。根据假定 1，流通产业近似完全竞争市场，则两地销售价格均为 $\tilde{P}$。本地市场购买者效用服从①柯布-道格拉斯效用函数 $U = A^{\alpha}B^{\beta}(\alpha+\beta=1)$，其中 U 为本地市场购买者的效用，A 为购买者在本地市场购买的商品 a 数量，B 为购买者在外地市场购买的 b 商品数量，α 和 β 分别为 a 产品、b 产品的支出比重；②本地市场购买者的支出函数 $P_1A + P_2B = Y$，其中 Y 为本地购买者的可支配收入，P_1 为本地产品的实际价格，P_2 为外地产品实际的到岸价格。易得：

$$A = \alpha Y/P_1, B = \beta Y/P_2 \tag{4.1}$$

将(4.1)式代入本地消费者的效用函数可得：

$$U = Y(\alpha/P_1)^{\alpha}(\beta/P_2)^{\beta} \tag{4.2}$$

可将(4.2)式写成：

$$U = G(1/P_1)^\alpha (1/P_2)^\beta，其中 G = Y\alpha^\alpha\beta^\beta \tag{4.3}$$

1. 初始非稳定的商品市场一体化阶段

假设商品流通市场近似于完全竞争市场，本地市场销售者 C 销售的 a 产品实际销售价格 $P_1 = P^*$，外地市场销售商 D 在当地销售产品 b 的销售价格为 P^*。由于交易费用的存在，销售商 D 的产品实际到达本地市场购买者 E 手中的到岸价格 $P_2 = P^* + c$，其中 c 为交易费用，包括搜寻成本、运输费用和其他。我们假定交易费用采用空间经济学中的"冰山"形式，如果本地购买者 E 要从外地市场购买到 1 单位产品，那么只有其中的一小部分能够到达，其余部分都因为交易费用的存在而耗损。因此要购买到 1 单位外地市场产品，必须装运 T 单位的产品。

如果产品在外地售价为 P^*，则这种产品到本地市场购买者 E 手中的到岸价(CIF)为：

$$P_2 = T_1 P^* \tag{4.4}$$

亦可得：

$$P^* + c = T_1 P^* \tag{4.5}$$

因为 $P_1 = P^*$，将(4.4)式代入(4.3)式可得：

$$U_1 = G(1/P^*)(1/T_1)^\beta \tag{4.6}$$

由(4.5)式得：

$$T_1 = 1 + c/P^* \tag{4.7}$$

将(4.7)式代入(4.6)式得：

$$U_1 = G(1/P^*)[1/(1 + c/P^*)]^\beta \tag{4.8}$$

本地和外地市场上产品 a、b 的实际销售价格之比为：

$$r_1 = P_1/P^* = 1。$$

尽管这一阶段衡量商品市场一体化程度的指标 $r_1 = 1$，但本地市场购买者 E 的效用因为交易费用的存在而受到损害。同时，由于本地市场销售者的 a 产品实际销售价格 $P_1 = P^*$，小于外地市场销售者的 b 产品到岸价格 P_2，即 $P_1 < P_2$，本地市场销售者 C 存在套利空间，有动机提

高实际销售价格。

此时的商品市场尽管具有了"一价定律"指标 r 衡量的市场一体化的表象,但交易费用的存在使得本地市场购买者存在帕累托改进空间。此外,交易费用的存在构成了外地市场产品的进入壁垒,本地市场销售者具有局部控制本地市场的能力,形成了本地市场上一定的垄断势力,倾向于提高价格,获得超额利润,进而改变当前市场结构。因而,此时的一体化市场并非帕累托最优和稳定状态的市场。

2. 稳定的商品市场分割阶段

因为交易费用的存在,本地市场购买者从外地市场销售商 D 处购买产品的到岸价格 $P_2 = P^* + c$,大于第一阶段本地市场销售商的定价 $P_1 = P^*$。交易费用形成的潜在进入壁垒将促使本地市场销售商 C 倾向于提高产品实际销售价格,使得实际销售价格:

$$P_1 = P^* + a,\text{其中 } a < c \tag{4.9}$$

同样,根据"冰山"形式可令本地市场产品 a 的实际销售价格为:

$$P_1 = T_2 P^*,\text{其中 } T_2 > 1 \tag{4.10}$$

将(4.9)式和(4.10)式代入(4.3)式得:

$$U_2 = G[1/(T_2 P^*)]^\alpha [1/(T_1 P^*)]^\beta \tag{4.11}$$

而 $T_1 = 1 + c/P^*$,$T_2 = 1 + a/P^*$,代入(4.11)式得:

$$U_2 = G(1/P^*)\{1/[(1 + a/P^*)^\alpha (1 + c/P^*)^\beta]\} \tag{4.12}$$

本地和外地市场上产品 a、b 的实际销售价格之比为:

$$r_2 = P_1/P^* = (P + a)/P^* = 1 + a/P^* > 1。$$

这一阶段衡量商品市场一体化程度的指标 $r_2 > 1$,市场处于分割状态。本地市场销售者处于垄断地位,将 a 产品的价格提高至 $P_1 = P^* + a$,实现了超额利润。对比(4.12)式和(4.8)式发现,在商品市场分割状态下,(4.12)式的右边分母部分多出一项(大于 0),此时的本地市场购买者的效用低于第一阶段的效用。本地市场销售者的套利空间消失,但本地市场购买者的效用受到损害,帕累托最优过程难以实现。交易费用的存在构成了外地产品进入本地市场的壁垒,带来了本地市场商品实际价格的上升,导致了商品市场分割,进一步损害了购买者效用。

3. 商品市场的帕累托改进过程

将(4.8)式和(4.12)式改写成：

$$U = G(1/P^*)F \tag{4.13}$$

为便于分析，考虑极端的不存在交易费用的情况下，如下两个条件成立：① $P_1 = P^*$；② $c = 0, a = 0$。可得 $F = 1$，进而 $U = G(1/P^*)$。上述条件①或②不能成立时，$F < 1, U < G(1/P^*)$。因为 P^* 表示完全竞争市场的产品价格，故将 G 定义为单位货币支出带来的效用增加，F 定义为效用损害因子。F_1、F_2 分别表示第一阶段因为交易费用存在产生的效用损害因子和第二阶段引入本地市场销售者提价动机的效用损害因子。

对于第一阶段，尽管衡量商品市场分割程度的指标 r 显示，本地市场和外地市场趋向于一体化，但因为交易费用的存在，效用损害因子 $F_1 < 1$，本地市场购买者效用受损。同时，套利空间的存在给予本地市场销售者 C 获利动机，从而提高本地市场产品的实际销售价格。此时，市场由第一阶段过渡到第二阶段。第二阶段有三个特点：①套利空间消失；②衡量商品市场分割的指标 r 偏离"一价定律"，市场一体化被破坏；③本地市场购买者效用因为本地市场销售者提价而再次受到负面影响，即 $F_2 < F_1, U_2 < U_1$。处于第二阶段的本地市场销售者、外地市场销售者和本地市场购买者均没有动机与能力改变现状，本地市场购买者存在较大的帕累托改进空间，市场处于一种无效稳定状态。

在考虑市场一体化程度和购买者效用时，似乎很难将两者统一。第一阶段初步形成市场一体化，但交易费用的存在阻碍了购买者帕累托最优的实现，并且构成了外地市场产品进入本地的壁垒，给予本地市场销售者垄断地位，推动市场向第二阶段转换；第二阶段形成的市场尽管相对稳定，但相对价格偏离"一价定律"，购买者效用愈加受损。"一价定律"的满足、帕累托最优存在悖论，两者不能同时满足。

解决这一悖论的突破口在于如何令效用损害因子 F 趋近于 1，即降低交易费用。交易费用的降低或者消失，能够缩小或消除本地市场销售者的套利空间。不仅促使 F 趋近于 1，进而 $U = G(1/P^*)$，而且使本地市场和外地市场的相对价格之比 r 趋近于 1,同时满足了"一价定律"和帕累托最优的要求。实现这一目标的主体就是企业。所谓企业,是指在既定市场环境下寻求自身利益最大化的组织。企业的本质就是对市场配置资源功能的替代,企业用内部的权威替代了市场的价格机制,用一个契约来替代市场中的一组契约,以便节约交易费用。[①] 当出现获利机会时,具有充分实力的企业就会出现来实现利益最大化的目标。企业就是作为通过市场交易来组织生产的替代物而出现的,当企业的行政成本低于所替代的市场交易的成本,企业活动的调整所获得收益就会多于企业的组织成本。[②] 也就是说,企业的出现能够代替市场化的交易,将市场交易费用内化为企业自身的内部管理组织费用,从而降低购买者的交易费用。

这类企业承担着信息提供者的角色,互联网企业正是凭借其所具有的信息平台优势,以成本低廉的方式向本地市场购买者提供外地产品信息。此外,互联网企业的交易平台为买卖双方提供了一整套标准化的交易程序。由于本地购买者能够及时有效地获得外地市场产品价格和节约执行契约费用等,交易费用大幅降低,本地市场销售者的套利空间减小,效用损害因子将趋向于 1。极端情况下,如果互联网企业能够实现无成本的运行,交易费用为 0,那么本地市场销售者将不存在套利空间,衡量市场一体化程度的指标 $r=1$,$F=1$,则 $U=G(1/P^*)$。商品市场一体化与购买者的帕累托最优同时达到,并且整个市场处于稳定状态。

(三)互联网企业的产生与创新行为的功能

前文的分析基本可以明确一点:交易费用的存在降低了商品购买者的效用,带来了商品市场的分割。为了促进市场从分割走向整合,即进入"三阶段假说"的第三阶段,互联网企业必不可少。互联网企业通过内化交易费用,对交易费用有节约的作用。如此,便能够缩小套利空间,影响本地商品提供者的定价,使得市场一体化指标 r 趋近于 1,商品市场

① Coase R H. "The nature of the firm", *Economica*, 1937(16):386-405.

② Coase R H. "The problem of social cost", *Journal of Law and Economic*, 1960(3):1-44.

趋于整合。效用损害因子 F 趋近于 1,说明本地市场购买者效用逐渐实现最大化。

既然互联网企业在达到商品市场第三阶段中如此重要,那么,分析互联网企业产生的原因以及互联网企业创新行为的本质也就必不可少。这不仅将弥补新制度经济学中缺少对具体类型企业探讨的不足,也有助于阐述我国互联网企业兴起的原因。

1.互联网企业产生的必要条件

在科斯之前,主流经济学在研究企业时,基本上把企业视作一种既定的存在物,缺少对企业产生、边界和最佳规模的研究(聂辉华,2003)。以科斯为代表的"交易费用"理论开启了经济学研究企业的先河,认为企业产生的根本原因是能够节约交易费用,企业内部行政指令替代了市场交易,节约了生产要素所有者之间讨价还价的成本,要素所有者在一定限度内服从企业家的指挥。因而,企业是作为市场的替代性组织出现的。也有观点认为,企业与市场并没有太大的区别,作为两种配置资源的方式,企业和市场本质的不同是配置资源对象的不同,企业是以要素契约替代了市场的产品契约。① 此外,杨小凯和黄有光将企业和市场看作两种不同的分工形式,从分工和专业化角度建立起一般均衡模型以分析企业的起源,发现:当交易效率足够高,使得分工经济超过交易费用时,市场便会出现;反之,企业诞生。② 从现有理论来看,我们认为企业的产生是因为其在某些方面相对于市场更为"节约","节约"是由企业权威指令代替市场交易、企业内一组契约代替市场零散契约等带来的。

本章对互联网企业产生的考察并不脱离新制度经济学的成果,仍认为互联网企业作为特殊化的企业形式,具有新制度经济学所描述企业的一般性特征,互联网企业的产生正是其在交易费用上的节约,使得企业组织交易费用低于市场分散化交易费用的结果。考虑到交易费用理论

---

① Cheung S N S. "The contractual nature of the firm", *Journal of Law and Economics*, 1983 (1):1-21.

② Yang X, Huang Y. "Theory of the firm and the structure of residual rights", *Journal of Economic Behavior and Organization*, 1995(1):107-128.

并不研究企业的生产经营特征,交易费用节约或许是企业存在的必要条件,但一定不是充分条件(罗珉等,2005)。

新制度经济学的发展似乎也受制于科斯提出的交易费用理论,隐含着企业的行政成本低于市场交易费用,因而企业产生了。如果企业内部权威有效,市场岂不是可以完全被企业所替代? 或许意识到科斯在企业和市场两方成本高低的比较上缺少严格的论证,杨小凯和黄有光从分工与专业化角度探讨了企业和市场的起源,从而回避了这个问题。在竞争性的市场环境下,利用企业内部权威和命令进行定价的准确程度不如市场价格信号,并且不完全契约下代理人存在的机会主义行为极有可能由市场代入企业,从而抬高企业的监督成本。目前,并没有充分的证据表明交易费用在企业内就一定比市场上的低(聂辉华,2003)。

2.企业家对互联网企业产生的作用

新制度经济学中企业作为一般抽象化的组织单元,其产生的必要条件是企业能够节约交易费用。对一般抽象化的企业进行具体化,企业又是以赢利为目的的社会经济组织,是人为创立的。企业的产生不仅需要一般抽象化企业产生的必要条件,也是人为创设的结果,这里的"人"指的就是企业家。企业家的定义多种多样。马克思主义政治经济学一方面把企业家放在客观的经济关系中,把企业家看作资本的人格化和一定的阶级利益的承担者——资本家;另一方面又把企业家作为经济关系的产物,从各个方面对企业家的行为准则及道德规范进行了生动而深刻的阐述(何树贵,2002)。新古典经济学中,马歇尔认为企业家是组织生产要素进行生产,并把产品送到消费者手中的人,进而把企业家精神定义为一种能力,即组织领导能力和市场开拓能力。奈特从不确定性角度认定,企业家精神的实质就是"商业决策和承担风险"(樊光鼎,1999)。此外,哈耶克、柯兹纳等人则强调企业家在获取和使用信息方面的重要作用,认为企业家是决策者,同时也是市场机会的发现者。

企业经济租金理论给予了我们重新定义企业家和发现企业家行为的视角。企业经济租金理论认为,经济租金是企业总收益减去企业各要素参与企业经营活动的机会成本收益的差额,相当于经济学中的超额利润,即企业总收益在支付了企业所有成本之后的剩余(杨瑞龙和杨其静,2001),而企业家正是通过创立企业有目的地寻求企业经济租金的理性行为人。互联网技术的进步和普及深刻改变了社会经济运行方式、人类的生活消费习惯、信息成本、要素价格比例等,经济环境的变化产生了潜在的赢利机会。企业家通过现有市场反馈系统捕捉企业经济租金的行为形成了商业模式的创新,从而内化交易成本(罗珉等,2005)。从企业经济租金角度观察,互联网企业的企业经济租金就是企业在内化交易费用过程中的节约,也就是市场交易费用与企业内部管理费用的差额。只要差额为正,就必然存在企业经济租金。企业家在追求这种企业经济租金最大化的目标时,利用互联网技术实现商业模式的变革,促成了互联网企业的产生。

3.互联网企业创新行为的功能

熊彼特把创新定义为建立一种新的生产函数,即企业家对生产要素的新组合,包括引入一种新产品、采用一种新方法、开辟新市场、获得原料或半成品的新供给来源、建立新的企业组织形式。互联网企业的创新正是在于"采用了一种新方法",运用互联网技术形成一种新的商业平台模式,变革了人类的消费习惯,将传统线下消费转变为线上购买。同时,大量商家进驻互联网企业的线上平台,使得互联网平台更像一个充满信息的集合体。消费者可以在平台上获得商家大部分的信息,包括产品和相关产品价格信息、产品参数信息、消费者评价信息等,大大降低了搜寻成本和获取信息的成本。互联网企业对平台建立的制度规则使得消费者无须担心在不完全契约下销售者的违约,从而降低了契约签订、执行和监督成本。交易费用大大降低,外地商品与本地市场购买者之间的交易费用更接近于只存在运费的情况,此时购买者的效用将提升。此外,本地市场销售者进行商品定价时不得不考虑外地商品交易费用的降低,本地商品价格不会过多偏离商品初始价格,因而市场间的相对价格更趋向于"一价定律",市场趋于整合。

探究互联网企业创新行为的本质,必然离不开对企业家动机的研究。正如上文所讲,企业家的动机是寻求企业经济租金的最大化,互联网企业对市场交易费用的节约构成了企业经济租金，而这种"节约"或者企业经济租金主要来源于互联网企业的创新行为。直观地说，互联网企业创新行为的功能是在企业家有目的性的行为下的企业经济租金最大化。互联网企业的创新行为不能直接创造企业经济租金，创新行为影响企业经济租金主要存在于三个方面：①以互联网平台上的一组标准化契约替代市场中大量零散的不完全契约；②以互联网技术和新的商业模式创新替代单一的市场买卖交易；③以互联网平台上的制度创新替代无序的市场交易制度。以上三个方面均是互联网企业创新行为带来的直接影响，借此可以创造企业经济租金。

五、几点思考

经济学的发展永远是现实问题导向的（黄少安，2000）。本章运用空间经济学的冰山成本理论、区域经济学的相对价格法等来处理建模过程中的技术性问题；运用交易费用理论解释互联网企业产生的可能性；运用企业家理论和租金理论说明互联网企业产生的必然性及其创新行为的本质。各种理论的糅合对于解释商品市场从分割走向整合和互联网企业在其中的作用起到了十分关键的作用，但一系列问题的提出和解释均是基于对现实的观察。经济理论是否有意义的关键之一即能否对现实具有解释力度。据此，本章的结论和方向可概括为以下三点。

第一，相对价格法在衡量商品市场分割和整合程度上的效果有待商榷。可以说，相对价格法较之于贸易流法、生产法是一大进步，也是学界较为认可的方法，但相对价格法是否能够以相对价格包含商品市场分割的全部信息？现考虑两种情况：第一种情况是两个市场间只存在自然分割因素，例如复杂的地质地貌，必然带来两地运输成本的高企，如此两地相对价格必然偏离"一价定律"；第二种情况是两个市场自然分割因素较少，仅存在地方保护带来的两地相对价格偏离"一价定律"。前者的偏离程度很有可能大于后者时，但因为导致前者的分割是自然因素，尽管相对价格严重偏离"一价定律"，却已经不存在商品市场分割改善的空间。当前者偏离程度大于后者，不能以此认为后者的分割程度小于前者，前者具有更大的改善空间。如此,基于"一价定律"的相对价格法无法揭示商品市场分割的本质,为解决商品市场分割问题提供依据。

第二,尽管我们认为互联网企业的创新行为功能本质上是对市场交易费用的节约,是企业家追求企业经济租金的结果,但对于互联网企业创新行为能够使得企业替代市场这一论断仅仅停留在简单的现象描述和总结分析,缺乏严格的逻辑论证,这一点也正是自科斯以来新制度经济学亟须解决的问题:为什么企业能够代替市场?为什么通过权威关系企业就能减少交易费用?(聂辉华,2003)诺斯、威廉姆森、张五常等沿着科斯的道路前进并对其理论进行了不同程度的深入拓展和修正,却始终缺乏对企业代替市场的严格论证。也有研究认为企业不过是对市场分工不足的一个补充,企业与市场之间不是一种相互替代的对立关系,而是一种互补性质的依存关系(黄桂田和李正全,2002)。这一方向提供了对市场和企业关系的重新定义。

第三,本章的理论模型建立在三条假设基础上,其中"本地市场与外地市场间存在商品市场分割因素"和"本地购买者具有主动搜寻外地市场产品信息的动机"较为符合现实。"流通产业近乎为完全竞争产业"的假设不太令人信服,本章做此假设的原因在于其能够为"三阶段理论假说"的第一阶段提供逻辑起点,即保证在第一阶段本地市场和外地市场同种商品价格一致,从而对第二和第三阶段进行推论。中国的商品市场一体化过程实际已在第二阶段或向第三阶段过渡。不可否认的是,由于缺少对产品异质性、规模经济、消费者偏好等细节问题的研究,我们在互联网企业兴起及其对商品市场一体化发展的影响上只能提供较为宏观的解释。经济学的基本研究范式大多基于供求角度,即供求端的产品异质性、规模经济、技术进步等,以及需求端的消费者偏好、消费者行为、预算等。如果将上述因素纳入模型,将增强模型对现实的解释力。

第五章
流通厂商空间区位决定及其投资选择

流通产业较之于制造业在许多方面有着异同点,当注重考察它们在空间区位决定上的相异之处时,我们就会追溯到对流通厂商投资选择的分析。我们把流通厂商以利润最大化为目标所采取的商业网点和仓储的布局、运输路线和商业业态等的规划,理解为流通产业的空间区位决定,而将流通厂商在这一决定过程中所采取的手段、步骤和谋略等,解释为流通厂商空间区位决定过程中的选择。分析脉络和着重点在很大程度上是把流通厂商的空间区位决定,看成是商业网点和仓储布局、要素流动、运输路线和商业业态等规划的函数。本章试图通过对这种函数关系的分析,揭示出流通厂商投资选择的一般行为,从而在理论上为政府规制政策的设计提供一些有价值的思路。

一、空间经济学对流通厂商空间区位选择的解释

现代经济学越来越关注经济活动的空间集聚、区域经济增长以及与此相关的造成经济活动集聚的向心力和离心力等问题。[①] 从一般均衡

---

① 以克鲁格曼为代表的新经济地理学认为,由经济活动区位(location)和场所(place)决定的空间集聚与区域增长集聚及其动力是不可忽视的两个重要分析主题。新经济地理学有别于传统区位论和经济地理学的地方,在于用经济活动集聚和分散的向心力与离心力来解释经济活动的地理结构和空间分布,在运用微观一般均衡方法的基础上回答经济活动为什么会出现空间集聚的问题。流通厂商的商业网点和仓储的布局、运输路线和商业业态等的规划,也存在着地理结构和空间分布的集聚向心力与分散离心力,我们可否在一定范围内借鉴新经济地理学的这些理论来分析流通产业的空间区位决定呢? 当然,这个借鉴的范围需要做出必要的理论取舍。

的角度来看,经济活动集聚的向心力和离心力,都可看成特定时空上经济活动产生均衡的动力;从垄断和竞争的角度来看,向心力通常意味着垄断势力的增强,而离心力则反映了激烈的市场竞争。新经济地理学关于经济活动集聚的向心力和离心力的论证是以规模经济背景下的收入报酬递增与不完全竞争为分析框架的,这与新古典经济学收入递减(不变)和完全竞争的分析框架有着很大的区别。这种区别涉及厂商投资的空间区位决定,关联到集聚力的自我增值和资源禀赋差异,以及运输费用和国界、区域边界的问题。流通厂商空间区位决定同样受空间集聚的向心力和离心力的影响,或者说,同样离不开对集聚力的自我增值和资源禀赋差异,以及运输费用和国界、区域边界等的讨论。

流通产业的市场结构变化伴随着以经济活动向心力和离心力为内容的垄断与竞争的推进。以产业链循环积累的因果关系(circular causation)而言,向心力可谓是厂商间一种"正反馈"联系,即由于不同产业间存在前向和后向联系,厂商会选择厂商数目较多的地方设厂,从而形成产业选择的累积效应,而离心力则可以理解为这种情形的反面。在新经济地理学看来,新古典经济学单方面强调地理环境、要素禀赋、技术或政策等地区性因素对产业空间集聚的决定作用,实际上是忽视了正反馈效应(向心力)以及报酬递增效应,这种忽视没有考虑或淡化考虑报酬递增、不完全竞争、运输费用等问题。如果我们在重视地区性因素对产业空间集聚有重要决定作用的前提下引入报酬递增、不完全竞争和运输费用等因素,也许能对流通产业空间决定问题的研究提出一些新的见解。

人口及其需求是影响或决定流通产业空间集聚的最重要因素,这一点较之于制造业有着以下区别:制造业生产中间产品或最终产品,或是提供给制造业厂商或是提供给流通厂商,而不是直接提供给消费者,尽管它受较强的运输费用约束,但它受人口及其最终消费需求的区域约束相对较弱。这种区别在相当大程度上形成了流通产业与制造业在

"中心-外围"之区域构成上的差异。[①] 但在自然地理对经济地理同样有决定作用这方面，流通产业与制造业存在着共同点。[②] 关于这一决定作用，经济学家曾在国际贸易领域对经济区位会影响产业集聚等方面展开过广泛的讨论，尤其是在引入报酬递增和不完全竞争等因素之于人口、劳动力供给及其工资水平的影响时，问题的讨论就显得异常复杂，这是我们研究流通产业与制造业在空间集聚中的共同点时所必须认识的。

不过，沿着"中心-外围"的区域构成来分析产业空间集聚过程的诸如运输费用、产业链的前向关联和后向关联、劳动力供给以及工资水平等，只是部分适合于对流通产业的空间区位决定及其选择特征的研究。这是因为，尽管不完全竞争的分析假设十分吻合流通产业的运行，但由于报酬递增现象在流通领域并不是很充分，因而产业链和劳动力供给等对流通产业空间集聚的约束，就不像制造业那样显著。流通产业运行主要呈网络状，无论是商业网点还是仓储网点，都受人口及其最终需求的约束，其后向关联主要反映与制造业厂商以及仓储点和销售点的空间距离，这些距离的长短决定运输费用的高低，其前向关联不是制造业厂商而是消费者。从利润最大化原则来考察，流通厂商前向和后向关联的两大行为主体——消费者和制造业厂商——的行为选择，会在很大程度上决定流通厂商的空间区位决定，并决定着流通厂商的利润空间。

我们分析流通厂商的空间区位决定及其投资选择，可考虑采用一种删繁就简的方法，即从流通产业与制造业在空间集聚上的相异之处来展

---

① 克鲁格曼曾在总结哈里斯"市场潜力"理论和普里德以市场规模与区域产业范围间循环为基础的进口替代区域经济增长理论的基础上，采用著名的迪克西与斯蒂格利茨的垄断竞争假设，建立了考虑公司层次报酬递增、运输成本和要素流动的一般均衡分析框架，但两个地区、两个部门和两个要素模型只适用于对制造业空间集聚的说明，并不适用于对流通产业空间集聚的解释。因此，我们在分析流通产业空间集聚的中心和外围的规定时，必须考虑到其与制造业在约束因素上的差异。

② 在产业中心的形成过程中，河流和港口的区位优势所具有的催化作用是不可忽视的。一个新的产业中心之所以出现在这个地区而不在周围其他地区，乃是因为这个中心可以通过自我强化机制不断发展壮大，这就是空间经济的自组织作用。与制造业一样，流通产业的空间集聚也是一个动态系统，这个动态系统有着同制造业相类似的决定因素和形成过程。

开,至于它们之间的共同点,只是在某些必要的场合才有所涉及。采用这样的分析方法来研究流通厂商的空间区位决定,实际上是以产业组织的市场构成为分析主线的。流通产业与制造业在空间集聚上的相异之处通常会在流通产业的垄断和竞争中反映出来。我们分析流通产业垄断和竞争的一般格局,可以揭示流通厂商的空间区位决定与商业网点和仓储布局、运输路线和商业业态等所构成的函数关系。尽管这种函数关系并不能囊括流通厂商的空间区位决定中的所有变量,但相对于前文所指出的新地理经济学与新古典经济学有关产业集聚的理论分歧而言,这种函数关系可以在一定范围内让我们加深和拓宽对流通产业相关理论的研究。

二、流通厂商空间区位决定的理论分析

依据现实中的业态、业种、阶段、地域等标准来划分流通产业,我们对流通产业组织运行的理解将会有所不同,从而对流通厂商空间区位决定就会有不同的认识。例如:按照以百货、连锁超市、仓储等的业态标准来认识流通产业组织时,我们就会从最终消费品的流通范围来考虑流通厂商的空间区位决定;按照以生产资料和生活资料的业种标准来划分流通产业时,我们只能从高度概括的理论层次而难以在具体层次上描述流通厂商的空间区位决定;按照以零售到批发的阶段性或以内贸和外贸的地域性来划分流通产业的类型时,我们对流通厂商空间区位决定的认识通常会局限于某一局部范围。不过,基于竞争和垄断的基本格局会充分反映厂商的投资选择行为,我们可以撇开流通产业的业态、业种、阶段和地域等的约束,主要从竞争和垄断层次对流通厂商的空间区位决定问题展开一般分析。

（一）流通产业的前向关联、后向关联与商业和仓储网点的布局

在不完全竞争的视野下,流通产业组织实际上是竞争和垄断相并列的一种市场结构。这种市场结构的内在规定同样是起源于产品差异性和经营集中度。流通产业提供的产品或服务存在着差异,这便意味着流通领域中的不同厂商在空间区位选择、广告、销售费用等方面的平均成

本不一致。同时，由于流通产业不像制造业那样对技术进步具有明显的规模经济效应，因而流通厂商经营产品或服务的集中度便具有相对的稳定性。[①] 我们可以把流通产业的产品差异性对其空间区位决定的影响，概括为以下几个方面：①不同业态的流通产业主要是根据后向关联来布局商业网点；②不同业种的流通产业主要是依据前向关联来布局仓储网点；③具有从零售到批发的阶段性或具有内贸和外贸的地域性特征的流通产业在布局商业网点或仓储网点时，则通常既要考虑到前向关联又要考虑到后向关联。[②] 这就是说，前向或后向关联在涉及空间距离以及由此引起的运输成本的同时，对商业和仓储网点的布局也起着重要的制约作用。

（二）流通厂商区位经营的集中度与局部垄断形成的可能性

从竞争和垄断的市场结构来看，流通厂商在某一区位经营产品或者服务的集中度实际上是前向关联或后向关联机制对流通厂商布局商业和仓储网点制约的结果。一般来讲，流通厂商在节约成本和追求利润的驱动下，会以成本最小化与利润最大化为前提来布局商业和仓储网点，但由于不同厂商在资金实力、管理能力和品牌优势等方面存在差异，经历激烈的竞争后，一些厂商甚至是个别厂商会在该区位对产品或服务的经营形成一定的集中度。这种集中度在商业业态或业种等方面的表现是大型连锁超市的"横空出世"、仓储和物流的"超系统化"、广告宣传和销售服务的"至美至全"。于是，激烈的市场竞争使得那些资金、管理和无品牌优势的中小厂商在重重进入壁垒的制约下难以布局于该区位。

---

① 关于产品经营的差异性和集中度，钱伯林曾在追求利润最大化的给定生产函数的基础上将寡头垄断的研究作为产业组织研究的主要内容，但由于导致寡头垄断的产品差异性和集中度两个问题难以融入竞争模型，哈佛学派的 SCP 模型曾对钱伯林提出的不完全竞争模型做出了贴近现实的说明，该学派注重从市场结构（S）的内在变量来研究市场结构如何决定买者和卖者的行为（C），并通过效率来比较行为结果和最优化选择的市场绩效（P）。SCP 模型论证了集中度高的厂商总是倾向于提高价格和设置行业进入壁垒以牟取垄断利润，从而在否定极端竞争和极端垄断的基础上描述了不完全竞争。显然，只有对经典理论有关产品经营的差异性和集中度分析做出某些修正，才能适合于对流通产业的研究。

② 布局商业网点或仓储网点，是流通产业空间区位决定的具体化。不同业态的流通厂商主要关注后向关联，不同业种的流通厂商主要关注前向关联，是由其业务经营的主要对象性决定的，其产品销售或提供服务的空间距离和人口密度会在很大程度上决定运输费用与销售利润，但这不等于说关注前向关联的流通厂商不关注后向关联，关注后向关联的流通厂商不关注前向关联。

流通厂商经营产品或服务的这一具有相对稳定性的集中度,是流通领域的局部垄断代替竞争的反映,是流通产业组织的市场结构的自发形成过程。

(三)流通厂商的空间区位竞争和垄断的时空特征

在现实中,原本地理和人文环境非常相似的不同地区会在流通领域出现非常不同的市场结构。流通领域的厂商趋向于群集在一起,从而导致商业模式的专业化;专业化的商业模式依次从一个地区向另一个地区扩散的波浪形式,既是流通产业空间区位决定的推动力,也是流通产业空间区位决定的结果。新经济地理学曾对投资促进长期增长的循环累积因果关系的时间版本和空间版本展开以报酬递增、要素流动性、运输费用为中心内容的研究。① 以流通厂商的空间区位决定而论,这种循环累积因果关系的时间分析版本可以从流通产业的产品或服务经营形成一定集中度的前后时间序列来考察,而其空间分析版本则可以通过对报酬递增、要素流动性、运输费用等变量的解析来展开。但这样的分析视角仍然不能脱离以竞争和垄断为背景的分析,竞争和垄断始终伴随着流通厂商的空间区位决定,空间区位决定可以被解释为商业和仓储网点布局、要素流动、运输费用等变量的函数。

(四)流通产业集中度形成的分阶段特征与流通厂商空间区位决定

流通产业在某一区位出现一定集中度的前后时间序列可以划分为前集中度时期、集中度形成时期和后集中度时期。在这三个前后相继的时期中,流通厂商的空间区位决定在不同程度上和不同范围内都要受到拟投资区域的文化和制度环境、地理位置、土地价格和房产租赁价格、人口密度及其需求、要素流动性、运输费用、规模经济效率等因素的影响,这些变量之所以在不同时期对流通厂商投资具有不同的影响,是因为在

---

① 新经济地理学重视空间因素的作用,运用主流经济学的分析方法将经济地理学纳入主流经济学,在构建垄断竞争模型的基础上,通过研究报酬递增、要素流动性、运输费用以及这三者之间的市场相互传导,对产业的地区专业化和空间集聚现象做出了既不同于传统地理经济学,也不同于新贸易理论和新增长理论的解释。这些解释部分适合于对流通产业空间区位决定问题的研究。

不完全竞争条件下，产品和服务的集中度会对流通厂商的投资收益、交易成本等形成制约。这个问题的进一步分析涉及流通产业与制造业、国内厂商与外资厂商的经济活动的交互，这可以理解为是流通厂商空间区位决定在投资选择层次上的市场外部性。这种外部性是产业间的前向和后向关联的产物，是不完全竞争和报酬递增假设视角下研究厂商空间区位决定的分析路径。沿着这一分析路径，我们对不同阶段或状态下竞争和垄断的市场结构如何支配厂商空间区位选择就有了较好的理解。

在前集中度时期，由于流通区域的局部垄断尚未形成，流通厂商布局商业和仓储网点的空间区位选择一般要全盘考虑该区位的地理位置、土地价格和房产租赁价格、人口密度及其需求、要素流动性、运输费用、当地历史文化以及相应的经济等制度安排，并在对投资能否产生规模经济效应的预期下决定是否进行商业和仓储网点的空间区位选择。在一定意义上，我们可以把前集中度时期的厂商空间区位选择看成是初始区位选择。一些经济学家特别强调历史偶然和地理位置对厂商区位选择的重要作用，并且认为由这种选择所产生的产业空间集聚会形成自我延续效应。笔者以为，前集中度时期是尚未形成垄断的激烈竞争时期，当某区域的流通产业集中度形成时，历史和地理因素较之于其他因素就不显得那样突出了。

在集中度形成时期，由于市场竞争日益激烈，该区域的相对优势区位已被早期在这个区域布局商业和仓储网点的流通厂商占领，各厂商之间会展开以销售产品价格、花色品种、服务质量等为内容的较量，激烈的竞争会降低商业利润。此时，拟进入该区域的流通厂商会从激烈竞争角度考虑投入产出效应，或试探性地在该区域布局一些商业和仓储网点，或采取谨慎观望态度。在这一时期，该区域商业的"中心-外围"格局已初步成形，百货和连锁商家与制造商、仓储商家、消费者等已构成基本的前向关联和后向关联的网络，并且商品供货的运输路线和运输费用也逐步得到开发与市场化。也就是说，竞争机制已使要素流动和报酬递增逐步市场化。在这种情形下，资金实力、管理水平和市场运作能力欠缺的厂商会被淘汰,或无力于该区域的商业和仓储网点的布局。世界各国中心城市的商业发展史大多经历过这种流通产业的集中度形成时期。不过,随着这一时期的结束,竞争会减弱,商业利润会上升,商业垄断的格局会随着超额利润的诱惑而慢慢显现出来。

在后集中度时期,由于该时期的局部垄断业已形成,能够布局的商业和仓储网点已被资金与管理实力雄厚的厂商占据,或者说,该区域流通产业运行的前向关联和后向关联已形成由资金与管理实力雄厚的厂商掌控的经营网络。在这种情形下,拟进入该区域的流通厂商通常会选择在该区位的周边地区进行投资。就后集中度时期局部垄断的情况而论,局部垄断的行为主体可概括性地分为以下几类:国内厂商、国内厂商与跨国公司合伙经营的公司以及跨国公司。但无论是哪类局部垄断的行为主体,都会注重考虑报酬递增、运输费用、交易成本等对超额利润的约束,都会以各种经营方式、按层级地构建"中心-外围"的商业网络,以杜绝其他厂商染指其间。

但从时间序列上来考察,这些局部垄断者从控制某一中心区域到外围的扩张,需要一段时间。那些无法投资中心区域或从中心区域被挤出的中小厂商,会提前在外围地区布局商业和仓储网点。于是,随着第一波以城市为中心的商业竞争的结束,第二波以城市外围为目标的竞争便拉开帷幕,其结果必然是:在城市外围布局商业和仓储网点的中小厂商与幸存于中心城市的中小厂商一样,只能获得微薄的商业利润。

一个大都市乃至一国的商业发展史,是一部竞争和垄断的经济运行的历史。流通厂商空间区位决定的过程,也是流通产业空间集聚的过程。在这个过程中,流通厂商的投资选择既存在原则约束,也会受到以价格和利润为核心的市场机制的支配。在这些约束和支配下,流通厂商的投资选择具有一定的特征,这种特征是流通厂商行为的产物,对这些特征的理解,是我们深入研究流通产业不可忽视的内容。

三、流通产业集聚中的厂商行为分析

现代经济学特别注重从市场外部性、交易成本、报酬递增等影响因

素来研究产业集聚。① 在不完全竞争条件下,流通厂商的空间区位决定是同流通业的空间集聚相伴而行的。流通业与制造业的后向关联以及流通业与消费者的前向关联,表现为制造业供给流通业的商品量以及流通业提供给消费者商品和服务的份额及其比例,这些份额及其比例构成了决定流通产业在某区域能否出现空间集聚的一个重要系数。如果制造厂商为流通厂商提供的商品部分与消费者吸纳流通厂商的商品和服务部分的比例大于1,流通产业在该区域的空间集聚将会受到限制;反之,当这个比例小于1时,流通产业在该区域的空间集聚规模将会迅速扩大。为分析方便,我们把制造业提供给流通业的商品量以及流通业提供给消费者商品和服务的数量之比例,称为流通业后向关联与前向关联比值,简称为单一关联比值。

流通厂商就是根据这个单一关联比值来进行投资选择的。假如我们运用统计计量方法对某一区域所有的流通厂商、消费者集群以及为流通厂商提供商品的所有制造业厂商做进一步涉及空间集聚的分析,则流通产业后向关联的加总与前向关联的加总无疑是决定流通厂商投资选择的两大集合性变量。同样,我们把制造业向流通产业提供商品的后向关联加总与流通产业向消费者提供商品和劳务的前向关联加总的数量比例称为流通产业后向关联与前向的综合关联比值,简称为综合关联比值。显然,这个综合关联比值反映了流通产业空间集聚中的市场外部性、要素流动等的内在制约。流通厂商是否决定在某一区域投资,通常要分析其与制造商后向关联中的运输费用,要分析当地的工资水平,要分析扩大商品销售和广泛提供服务的广告宣传以及与地方政府协调的交易成本等。从纯经济理论的角度来考察,流通厂商分析这些因素进而决定是否进行投资,体现了个别流通厂商对影响或决定投资收益的主要

---

① 产业间的前向关联和后向关联是通过市场外部性来推动产业集聚的克鲁格曼曾借助规模报酬递增假设来推导交易成本与经济活动空间分布之间非线性的倒 U 形关系,并以作为交易成本重要组成部分的运输费用来分析产业集聚的形成过程。关于报酬递增之于产业集聚的形成和发展,克鲁格曼运用的垄断竞争模型和萨缪尔森的冰山方程,把收益递增和交易成本纳入经典的一般均衡分析框架,并通过劳动力的跨地区流动来解释集聚的发生机制。但无论是以替代弹性来表征的规模经济(报酬递增或成本劣加性),还是以贸易成本来表征的运输成本,产业集聚的形成机制在现象形态上都表现为企业上下游间的投入产出联系,即产业的前向关联和后向关联。

因素进行局部均衡分析的选择特征。

实际上，就某一区域流通产业的空间集聚而论，单一关联比值所体现的是该区域流通厂商、消费者和制造商之间的局部均衡，而综合关联比值所反映的是该区域流通厂商、消费者和制造商之间的一般均衡。如果说单一关联比值反映流通产业在某一区域的空间集聚是受到限制还是会扩大，那么，综合关联比值便揭示出该区域流通产业是否存在规模报酬递增。联系竞争和垄断来分析，某区域流通产业是否存在规模报酬递增，可从两种背景来理解和认识：①该区域的商业和仓储网点尚未形成集中度，换言之，该区域的商业和仓储网点尚未形成局部垄断；②该区域的商业和仓储网点已形成局部垄断。在前一种情况下，规模报酬递增通常呈现出不规则的波动和分布，这种不规则波动主要表现在业已形成一定规模网点的商业利润，在不同时期有不同的收益，而尚未形成一定规模网点的商业利润则有可能在某一时期出现递增。这种状况会诱导投资者进入该区域而做出投资选择。在后一种情况下，尽管规模报酬递增明显，但由于商业和仓储网点已形成局部垄断，该区域的进入门槛会阻止实力较弱投资者的投资选择。

当综合关联比值小于 1 时，某区域流通产业在局部垄断下存在报酬递增；当综合关联比值大于 1 时，某区域流通产业在局部垄断尚未形成下的报酬递增现象并不是很显著。这两种不同状态对投资者投资选择的影响与单一关联比值小于 1 或大于 1 的情形是大体相同的。但我们无论是分析单一关联比值，还是对综合关联比值进行研究，都必须对含括于这两组变量之中的运输费用、交易成本、工资水平等做出考察，这便是前文提及的将流通产业空间区位决定理解成商业网点和仓储布局、要素流动、运输费用变量之函数的学理所在。

投资者选择某区域进行投资，同样会关注资金得以运作的外部条件系统的非市场性的投资环境，它包括地理位置、政策环境、基础设施条件、人文环境等。新经济地理学注重研究市场环境对产业空间集聚的决定作用，新古典经济学注重研究地理环境、要素禀赋、政策等地区性因素对产业空间集聚的决定作用。其实，联系综合关联比值来考察厂商的投资选择，这些决定产业空间集聚的因素对投资选择的影响都是不可忽视的。在某一具体的时空，某区域流通厂商与制造商的产品流量以及对应的价格总额是投资者前期投资选择的结果，某区域流通厂商与消费者之间的商品和服务流量以及对应的价格总额是投资选择收益的结果。当我们只是从市场环境出发来研究产业空间集聚及其厂商的投资选择时，分析重点会集中于产业的前向和后向关联、中心和外围扩散、运输费用和工资水平等。但当我们全方位考察产业空间集聚及其对厂商投资选择的影响，研究范围就有必要扩大至地理环境、要素禀赋、政策等地区性因素，乃至投资区域的人文环境和社会价值观。

之所以流通产业会在某一区域（中心城市最为典型）形成空间集聚，是因为该区域的投资环境在地理条件、要素禀赋、政策、人文环境和社会价值观等方面有着优势配置。从这些要素之间的关联来看，尽管地理位置、资源禀赋同人文环境和社会价值观弱相关，但地理位置的形成过程和资源禀赋对人们价值取向或多或少会产生影响。在地区性经济政策的设计过程中，决策者通常会在社会价值观的支配下参考地理位置、资源禀赋。并且，地理位置、资源禀赋一般会影响投资者对投资环境的价值评判，从而影响他们的实际投资选择。

投资者（流通厂商和制造业厂商）所瞄准的区域，一般是消费者向往的安居乐业的区域。以新制度经济学的观点来解释流通产业在某一地区综合关联的价格总值的逐年上升，就是该地区的制度安排适合于流通产业的空间集聚，并符合流通厂商在制度安排约束下的投资理念。跨国公司或国内大型流通厂商对某一地区进行大规模的投资，通常不能绕避同地方政府的讨价还价，这种讨价还价式的投资选择是源于厂商与地方政府之间存在着不同的目标函数。在信息不对称情形下，它们会围绕土地使用价格、税收征收、基础设施配套等问题展开博弈。在博弈双方对以上问题的底牌相互不相知的状况下，即地方政府不清楚流通厂商是否愿意接受自己开出的招商菜单，流通厂商不知道地方政府所列菜单的底蕴和是否存在让步的余地时，博弈就表现为在谈判和契约签订过程中的讨价还价与纷争。这可以看成是跨国公司或国内大型流通厂商投资选择的一个特征。

在中国存在着这样一种普遍性的现象：地方政府出于提高 GDP 或扩大税收等考虑，通常在与跨国公司或国内大型流通厂商的讨价还价中做出一定的让步，这种让步的直接后果是厂商的经营成本大幅度下降，以至于为今后它们在该地区形成流通领域的局部垄断打下基础。中小流通厂商通常不具有同政府的讨价还价能力，但中小流通厂商是否决定在这个地区进行投资关系到该地区综合关联的价格总值，影响到该地区流通产业空间集聚的程度和范围。同时，中小流通厂商可以搭便车地利用跨国公司或国内大型流通厂商在与地方政府讨价还价中所形成的有利于降低成本的制度安排。这是我们分析流通产业空间集聚背景下厂商投资选择问题时所必须认识的。

某区域流通产业综合关联的价格总值能否反映出该区域的空间集聚过程是处于形成发展阶段还是处于基本完成阶段呢？这个问题需要联系该区域的人口密度、工资水平、运输费用、"中心-外围"发展空间以及与此相关的劳动力供给等来解释。一般来讲，人口密度大，工资水平高，某区域流通产业提供给消费者商品和劳务的价格总值就呈上升趋势；而运输费用低、劳动力供给充分且"中心-外围"发展空间大，则制造业提供给流通产业商品的价格总值会加速提升。[①] 在这里，我们看到了综合关联比值对某区域流通产业空间集聚背景下的厂商投资选择的解析力。

总之，流通厂商在现实中做出投资选择，既要对某地区的地理条件、要素禀赋、政策、人文环境和社会价值观等做出考虑，也要考虑其与消费者和制造商的前向关联和后向关联，并对运输费用、交易成本、市场外部性、"中心-外围"扩张等因素进行分析。流通厂商在空间集聚背景下的投资选择是与其空间区位决定交织在一起的。我们在理论上分别讨论

---

① 或许是现实所蕴含的这种机制启发了新经济地理学，该学派坚持从人口密度、工资水平、运输费用、"中心-外围"发展空间以及与此相关的劳动力供给等因素来解说产业的空间集聚，并且把从中心到外围的扩张看成是产业空间集聚规模的重要因素。现代产业的发展，除劳动力要素流动尚存在国际壁垒外，资金和技术两大要素已完全给产业空间集聚的一体化，乃至给产业空间集聚的泛一体化开辟了道路。

这一前后相继的过程是针对流通产业空间集聚形成过程中，投资者在行为上的先后选择步骤而做出的逻辑安排，流通厂商具体的投资选择行为通常以是否决定在某区域布局商业和仓储网点为基础。只有在空间区位决定的前提下，厂商才会做出具体的投资选择。

四、几点补充说明

本章运用新经济地理学与新古典经济学两大理论来考察流通厂商的空间区位决定及其投资选择，存在着分析视角的选择问题。我们以竞争和垄断为分析视角，实际上是以不完全竞争和报酬递增为分析背景。对于流通产业运行中报酬递增现象的认识，应该在划分出商业和仓储网点的相对集中度区间的基础上展开。我们通过前集中度时期、集中度形成时期和后集中度时期的划分来考察不完全竞争下的报酬递增现象，主要是基于厂商空间区位决定和空间集聚一般要经历以上三个阶段的考虑。这三个不同时期的竞争和垄断以及报酬递增情形是不同的。如果我们对每一时期竞争和垄断的格局进行细化，那么，报酬递增现象或许能够得到符合特定时期的不完全竞争事实的说明。当然，沿着这样的思路来解说问题，还需要由抽象分析进入具体研究，还需要概括和提炼出能够得到现实支撑的具体的理论模型，并对每一阶段进行实证考察。

流通厂商的空间区位决定和投资选择实际上都属于决策问题。本章之所以做出对它们分别进行论述的结构安排，是因为对于流通厂商来说，前者具有一般决策的性质，后者是具体的选择行为。笔者对空间区位决定的分析主要是依据对新经济地理学的前向和后向关联、"中心-外围"扩张、外部性等相关论述的理解来展开的，而在对流通厂商投资选择的分析中，则运用了新古典经济学的部分理论予以阐述。就借助于经典理论来分析流通产业的空间区位决定和投资选择而论，我们应该在研究流通产业运行时进一步系统地融合这两大经典理论。这方面的研究有可能出现的创新是根据流通产业竞争和垄断的实际，充分借助新古典经济学有关理论进行定性分析，在数量分析中，充分借助新经济地理经济学的有关理论,并在对这两大理论做出取舍的基础上,从流通产业的运行特征中找到既能说明流通厂商空间区位决定也能解说流通厂商投资选择的一般分析框架。

在流通产业空间集聚的过程中,厂商投资选择在某区域的结果存在着局部均衡和一般均衡问题。笔者描述了单一关联比值和综合关联比值两组变量,以前者表述局部均衡,以后者表述一般均衡,并分别利用它们之间的比值关系来分析厂商的投资选择。这两组变量至少包含着以下有待于进一步研究的内容:①运用何种方法来采集这两组变量的样本数据,如何利用这两组变量来建构计量或统计;②在利用这两组变量论证局部均衡和一般均衡时,如何把新经济地理学的相关原理寓于均衡分析之中;③这两组比值关系在什么区间内正相关于流通产业的空间集聚;④如何通过对这两组变量数据结果的分析转向对厂商投资行为的过程考察;⑤能否从对流通产业区域性空间集聚和厂商区域性投资选择的分析,扩张至全国性的宏观分析。

分析和研究这两组变量的数量变动及其比值关系或许是理解流通产业空间集聚和厂商投资选择的一条路径。政府在制度安排和政策实施两方面如何调控流通厂商的空间区位选择,应归属于这一专题研究的规范分析。从流通产业市场结构形成的前后向关联、空间集聚的"中心-外围"扩散以及与这些相对应的竞争和垄断来考察政府的调控,地方政府相关部门对某一区域流通产业的政策导引需要在搜集该区域近几年来流通产业单一关联比值和综合关联比值之相关数据的基础上进行,而中央政府对流通产业的宏观调控则需要在汇总各地区综合关联比值之相关数据的基础上来进行。针对集中度较高乃至出现局部垄断的地区,政府的政策调控要注重鼓励竞争,尤其是要抑制跨国公司在流通领域的"超国民待遇",以保护中小流通厂商的利益。针对流通产业集中度较低的地区,政府要通过产业政策和财政货币政策在运输、劳动力流动、交易费用等方面加强流通产业的前后向关联,以推进流通产业"中心-外围"扩散的空间集聚。

第六章
流通成本变动与内生交易费用

本章以流通费用理论、交易成本理论和集聚理论为基础,分析流通成本变动与内生交易费用的关系,探索流通成本变动背后的制度因素以及互联网平台内生交易费用的路径。研究发现,影响流通成本变动的制度因素有政策制度、契约联结的市场制度和非正式制度安排。基于对企业与市场价格机制之间替代关系的阐述,我们认为流通成本会伴随着企业内化市场交易费用而降低。互联网平台作为特殊的企业形式,在交易过程中同样扮演着节约交易成本的角色。互联网平台所具有的价格公开、信息高度透明等特性决定了市场制度安排对平台参与者的约束效用远远弱于传统实体企业。非正式制度的约束力似乎更强,平台仅需花费少量的组织和管理费用就能借助买卖规则、声誉机制、平台文化等非正式制度安排降低市场交易过程中的搜寻成本,减少甚至避免因契约纠纷产生的附加成本。当然,非正式制度过度的约束也可能导致制度壁垒过高甚至行业垄断,这显然有悖于社会福利最大化的目标。政府寻找正式制度和非正式制度约束的边界范围将是今后关注的重点。

一、流通成本的学术界定与探讨

如何降低流通成本是经济学的经典话题。流通理论一直游离在主流经济学的研究框架之外这一事实,导致有关流通成本的研究处于"小众化阶段"。具体表现在两个方面：一是学术界对流通成本概念本身缺乏一致认可的标准化定义，它既是马克思社会再生产四要素理论的"交换成本"，又是新制度经济学派所说的"边际交易成本""交易费用"，还是新古典区位理论里的"交通运输成本"和新经济地理学派所说的"冰山式运输成本"；二是有关流通成本的测度缺乏统一的认识，目前学术界认可度较高、使用最为广泛的方法主要有相对价格法[①]和贸易流量法[②]。其中，相对价格法是桂琦寒、陈敏、陆铭、陈钊等学者在结合"一价定律"和"冰山模型"基础上衍生出来的间接测度流通成本的方法，这一方法借以计量区域间"一篮子"商品价格差异间接测算两地商品流通成本的差异，最终以地区间物价水平的变动直观地反映区域间流通成本水平的高低（程艳和叶徵，2013）。而贸易流量法是基于诺维所改进的引力模型，通过实际发生的贸易流"事后"推算出贸易成本大小的方法。

　　一个普遍认识是，不同理论语境下的流通成本变动会呈现不同的画面。这一共识是基于会计成本核算层面来刻画流通成本变动的一般性规律，已有文献所使用的计量流通成本的数据主要源于地区投入产出表（许统生等，2013）、增值税专用发票汇总（行伟波和李善同，2009）和铁路货运数据（徐现祥和李郁，2012）等。研究结果显示，全国范围内的流通成本均呈先下降后上升这样一种 U 形变化趋势。会计层面的成本核算虽能直观地刻画流通成本变动的一般性趋势，却无法告知形成这种一般性规律的具体原因，以至于中国虽然意识到流通成本过高却始终无法从根源上解决这一困境。随着新制度经济学的发展，学术界开始关注流通领域背后的制度性成本，但新制度经济理论当中并没有一块专门的内容来解读流通成本过高的原因，只能通过其他的制度成本来推演流通成本在整个制度理论框架中的地位。沿着这一思路，本书尝试：①立足于马克思主义流通费用理论、新制度经济学交易成本理论和空间经济学的集

---

　　①　桂琦寒、陈敏、陆铭、陈钊：《中国国内商品商场趋于分割还是整合：基于相对价格法的分配》，《世界经济》2006 年第 2 期。

　　②　Novy D. "International trade without CES: Estimating translog gravity", *Journal of International Economics*,2013(2):271-282.

聚理论三种研究范式,探索制度安排语境下影响流通成本变动的因素,旨在解释正式制度和非正式制度约束下交易费用与流通成本间的互动关系;②以兼具市场和企业属性的互联网平台为代表,比较在平台竞争和治理过程中各项制度安排的约束效力,并探讨互联网平台交易费用的内生性路径。

二、流通成本研究的三种范式

学术界对于流通成本的研究主要有三种范式:马克思主义的流通费用理论、新制度经济学的交易成本理论和空间经济学的集聚理论。

(一)对马克思主义的流通费用理论的再思考

流通是政治经济学研究范式中的概念,马克思在其著作《资本论》中从资本和商品流通的角度系统梳理了流通费用理论,并明确描述了流通费用的定义。从时间维度看,资本的循环周转并非一蹴而就的,无论是"货币—商品"这一形式的转变,还是"商品—货币"这一"惊险的跳跃",都存在一定的时间周期,故从生产到消费的整个过程中,资本使用价值、价值以及剩余价值的实现都须支付一定的费用,这一部分必要的费用即为流通费用。按照流通费用的经济性质,马克思将其细分为生产性流通费用和纯粹流通费用。其中,生产性流通费用是指为使生产环节在流通领域延续而付出的劳动所消费的货币表现,是生产费用在流通领域的追加和延伸。纯粹的流通费用是随着商品价值形态变化而产生的非生产性费用,源于流通领域中的商品交易造成的私人所有权的转移。

流通费用理论虽未直接讲明流通成本降低的意义,但为后续各学派理解此概念,尤其是现代经济学方法测度流通成本,提供了一个分析基础。周秀英曾将其描述为"对古典经济理论的继承与超越和对现代交易费用理论的启迪与传承"。一方面,流通费用理论在突破重商主义由流通公式"$G—W—G'$"得出的局限性结论即财富源于流通,并吸收重农主义的观点——价值和使用价值源于生产领域——的基础之上,开创性地将资本生产和流通统一起来,并意识到虽然流通不创造价值,但生产性流通费用仍会带来价值量的增加,而纯粹性流通费用也需从使用价值中扣除。另一方面,马克思和科斯考察的对象都是流通领域中各项交易活动的成本与效率,不同之处在于马克思的目的是揭示流通时间、费用与企业的成本、价格之间的内在关联,而科斯关注产权效率的最大化问题。

(二)新制度经济学的交易成本理论

受到西方经济学"无流通理论"的影响,制度经济学的研究框架中并没有单独开辟一块内容对流通成本进行解读,与之大致对应、紧密相关的是"交易成本"的概念,其关联性表现在两者均是相对生产成本而言的非生产性的成本。新制度经济学从人类制度角度来阐述流通(交易)过程付出的成本,将其描述为"交易成本"或是"交易费用",并从交易分工、交易合约、交易维度、制度成本和交易行为五个层面对交易成本概念进行了界定。

以科斯为代表的交易分工说认为,交易成本是一种源于社会分工和专业化水平的制度性成本。科斯围绕契约的缔结对交易成本进行了市场化考察,指出不仅市场存在交易成本,企业在社会分工中作为一种参与市场交易的经济单位,在整合各种社会要素的过程中同样会产生如行政管理、命令传递、监督契约缔结等一系列组织费用。[①] 交易合约说以契约过程为主线,将交易行为视作经济研究的基本分析单位,认为交易成本由三部分组成:签约前了解交易意向所需要的时间和资源费用、签约时决定交易条件的费用,以及签订合同后履行契约、控制和监督对方成果的费用。[②] 基于交易频率、不确定性和资产的专用性这三个基本维度,交易维度说深入研究了交易成本的成因,并强调有限理性、机会主义和资产专用性三个因素同时出现对交易成本的影响。制度成本说认为制度是因为交易成本产生的,所以也将交易成本称为制度成本。现实世界中,一个人的、没有产权的、没有交易的社会不可能产生交易成本,因此从广泛意义上来讲,交易成本被定义为信息费用、监管费用和制度系统结构改变所带来的费用(张五常,1999)。交易行为说的代表诺斯基于

---

① Coase R H. "The nature of the fir", *Economica*, 1937(16): 386 – 405.

② Dahlman C J. "The problem of externality", *Journal of Law and Economics*, 1979(1): 141 – 162.

"一个人的社会不可能产生交易成本"的认知基础,将人类社会行为划分为交易和转化两种行为,并将交易成本界定为与交易行为相关的成本、为交易行为发生所耗费的资源成本。[①] 虽然不同的学者所界定的交易成本的具体构成存在差异,但总的来说交易成本都是包括信息成本、协商成本、制定和履行契约的成本、监管成本、界权成本和制度结构变化的成本在内的"物质生产过程中直接发生的所有成本"或者"看得见的手"的成本(张育林,2007)。

(三)空间经济学的集聚理论

空间经济理论研究的核心问题是制造业集聚。克鲁格曼和藤田昌久等学者在规模报酬递增、不完全竞争理论[②]的基础之上,引入"冰山式"运输成本所开创的新经济地理学派,认为即使不同地区的初始禀赋完全相同,当运输成本等外部参数满足一定条件时,缪尔达尔式的累积因果效应仍会导致地区产业集聚,形成"中心-外围"空间经济结构。"中心-外围"模型包含了本地市场效应、生活成本效应和产业项关联三种基本集聚效应,三种效应的相互作用构成了空间经济学的因果循环关系。已有的研究较少聚焦于流通产业本质上作为服务性产业所具有的特点,倾向于将流通产业看作依附于传统制造业的单边市场,流通厂商的利润取决于买卖交易过程中的价格差异。随着产业组织理论尤其是双边市场理论的发展,学者们开始关注流通产业的主动作用和流通网络的外部性。[③]

双边市场是指平台方通过提供交易环境和基本交易信息,吸引交易双方在该平台进行交易而形成的市场。交易双方须向平台支付一定的费用,平台方的收益受到费用和交易量的影响。双边市场理论的核心命题是网络外部性。以将流通厂商作为平台方,上游制造商和下游消费者

① North D C. "Transaction costs, institutions, and economic history", *Journal of Institutional and Theoretical Economics*, 1984(1):7-17.

② Dixit A K, Stiglitz J E. "Monopolistic competition and optimum product diversity", *American Economic Review*, 1977(3):297-308.

③ Rochet J C, Tirole J. "Two-sided markets: A progress report", *RAND Journal of Economics*, 2006(3):645-667.

作为交易双方的双边市场为例,流通厂商(平台)向交易双方提供交易环境,减少交易双方的搜寻成本和风险,其收益源于交易双方缴纳的固定费用和交易发生时所缴纳的交易费用。交易双方的收益取决于该平台中交易参与方的数量,平台中交易参与者越多,实际发生的交易也越多,意味着平台价值越高。故沿着流通产业自身具有的"网络外部性"以及网络规模的大小反过来影响流通厂商定价策略的线索,审视流通产业"网络外部性"机制的本地市场效应、生活成本效应、产业间前后向关联等对世界级先进制造业集聚的影响路径,对考察流通成本的变动及探索如何降低流通成本具有重要的理论和现实意义。

三、制度安排语境下影响流通成本变动的因素分析

如前所述,马克思的流通费用理论强调流通过程实现剩余价值的主动作用,新制度经济学派认为流通(交易)成本是一种制度性成本,空间经济学理论关注流通网络的外部性,三者为考察何种因素影响流通成本的变动奠定了主基调。从制度安排看问题,流通成本的约束存在以下几个层次的内容:一是以政策为导向的制度安排,最典型的是地方政府的保护主义政策、公共设施投入、税制设计和监管干预;二是以价格(成本)波动、供求平衡和利润调节为核心,以委托代理、契约联结和企业组织架构调整为主要表现形式的市场制度安排;三是以流通网络规模、交通基础设施建设、信息技术水平、地域文化和要素禀赋等为核心的非正式制度安排。

对于流通厂商而言,考虑流通成本的变动水平须将其置于正式制度安排(包括政策制度和市场制度)和非正式制度安排的语境下进行分析。政策制度包括中央和地方政府两级制度安排,具体表现为促进流通体制模式变革、流通产业营商制度环境优化、地方保护主义的法律和法规制定等,以及政策间接形成的制度性壁垒。市场制度的影响突出体现在市场经济体制下,流通企业的定价、营销、契约缔结等外部约束行为和组织架构调整、绩效监管等内部治理行为所形成的预期收益、销售成本与利润是否对流通厂商具有足够的吸引力。非正式制度对流通成本的影响,

一方面表现为流通网络规模的大小、流通基础设施建设和信息技术水平等对流通过程中交易成本和商品价格的影响，另一方面表现在文化和传统等引起的消费偏好或时尚形成的规模经济对流通厂商和制造商收益的影响。重视流通成本在多大程度上和多大范围内受到制度安排的影响，有助于理解以下几点：第一，从作用范围和效果看，流通成本的变动受到正式制度还是非正式制度的约束大，取决于是依靠市场力量还是政策手段来降低流通成本的效果更显著；第二，从时间跨度来看，地方政府保护主义政策在短期和长期分别呈现哪些效应与不足；第三，如何通过重塑制度安排来构建一个低流通成本、高流通效率的营商环境。

理性的流通厂商做出一项投资决策的最终目标无非是在成本尽可能小的前提下追求尽可能大的效益。沿着流通厂商投资选择受投资环境的影响轨迹即"政策制度→市场制度→地区投资环境→流通商投资选择"（程艳，2015），不难看出影响流通厂商做出决策的制度约束的源头是政府的行政干预，投资决策过程中的流通成本和收益的变动与政府政策制度的干预密切相关。以地方保护主义政策为例，2008年经济危机爆发以来，全球的实体经济受到巨大冲击，贸易保护主义开始升温，各大经济体倾向采取一系列显性或隐性的行政手段，人为地设置区域贸易壁垒以保护国内市场，维护自身经济的稳定。短期、局部视域下，地方政府的保护主义行为能够吸引部分制造商和流通厂商迁入本地，在一定程度上提高本地市场的生存能力并获得短期收益，但从长远和全局来看，不仅会破坏帕累托最优的实现，而且会扭曲市场价格体系，导致更大范围的市场失灵，加速商品、资本和劳动力市场的分割，其结果是市场间的信息不对称和交易成本的增加（程艳和袁益，2017）。信息不对称普遍存在于本地市场消费者与外地市场销售者之间，为了使最终的交易价格更接近预期的最低价格，理性的消费者总是存在主动搜寻外地市场产品价格信息的动机，搜寻过程中发现相对价格的成本（搜寻成本）构成了交易成本最主要的部分。除保护主义行为外，政府在流通公共设施投入、流通环节税制设计以及监督管理等环节的主观干预，同样会产生如管理成本、税收成本、寻租成本等一系列的制度性成本，预期收益大于政策落实的制度性成本的才能称为有效的干预。

市场制度由价格、供求、竞争等要素有机构成,通过一系列的契约规则对流通主体的市场交易行为进行约束,作用于流通厂商与消费者之间以价格支付形式完成的前向交易和流通厂商与制造商之间以订单形式实现的后项交易过程,其中价格支付和订单这两种形式是契约制度规则的具体化形式。在实际流通环节中,信息不对称现象和有限理性约束的普遍存在,决定了交易活动中的契约制度具有不完全性,契约双方无法在交易发生前确立一份内容完备、设计周详的契约,修改契约和不履约的情况屡见不鲜。毫无疑问,不完全契约的存在将使交易成本在契约的谈判、制订、调整和执行过程中不断地增加,而这些增加的成本最终都会转嫁到消费者和制造商身上。中国流通成本长期居高不下的一个重要原因是流通领域长期存在契约纠纷,不解决纠纷则交易无法达成,而解决这些纠纷又势必会产生巨大的交易成本,即使最终交易完成也会冲抵掉很大一部分预期收益。除此之外,市场制度的约束还表现在流通企业的内部治理上,"委托-代理"问题作为理解现代企业治理的逻辑起点,普遍存在于各流通企业内部。在两权分离的前提下,代理人为了最大限度地扩大自身的利益,会隐瞒对自己不利的信息,而委托人也会采取行动以便获得尽可能多的信息。且不论"隐藏行动"和"隐藏信息"的过程并非零成本,其导致的机会主义和道德风险会使流通企业内部治理过程中的管理成本骤增。不难发现,市场制度的约束无论是对流通主体的交易行为还是流通企业的内部治理,都是通过一系列契约规则来执行,尽可能完备的契约规则能够避免诸多未来的不确定性造成的纠纷,在实际操作中会大大降低外部性的交易成本和内部治理过程中产生的管理成本。

不同于正式制度安排具有外在的强制约束机制,非正式制度安排更多情况下是人们在长期社会交往中约定俗成、共同遵守的意识层面的行事准则和行为规范。流通成本受到非正式制度的制约主要表现在由地理区位、基础设施建设、流通网络规模引致的运输成本或交易成本变动,以及由地域文化、风俗习性决定的消费偏好和价格水平波动。优越的地理区位、发达的交通基础设施建设能够降低运输成本这一结论已被众多经典的经济学文献所论证，同样，流通网络向外辐射形成规模经济能够减少交易成本这一点也是毋庸置疑的。至于某一地区的地域文化、风俗民情的建设和发展，虽在一定程度上可看作正式制度向该地区倾斜的产物，但就其完全形态来看仍可视作非正式制度的约束，只要这一约束的影响力足够显著便能带动当地消费，引领消费时尚，进而使流通厂商做出某一项投资决策时的预期收益较之流通成本呈现相对优势地位。值得关注的一点是，非正式制度作为正式制度的"先验"形式，通常情况下虽然能够直接或间接地节约流通成本，但随着正式制度安排引发的流通市场制度环境优化和流通厂商交易行为规范化，非正式制度安排的约束力将逐渐趋于弱化。

政策制度依靠法律规章，旨在营造一个良好的营商环境，市场制度通过约束交易主体的市场行为来实现帕累托最优，而作为非正式制度的行事准则和行为规范提升流通效率的作用显著，这些都离不开企业这一市场主体。企业作为既定市场环境下追求自身效用最大化的生产组织，本质上是一种代替市场价格机制的资源配置机制。如科斯《企业的性质》所言，企业是用一个契约来替代市场交易中的一组契约，用其内部的权威代替市场的价格机制。至于何时在市场交易，何时在企业内交易，依赖于市场的定价与企业管理成本的平衡关系。一般而言，当市场的定价成本高于企业管理成本时，在企业内交易显然是更为理性的选择，能够将市场交易的成本转化为企业内部管理组织的成本，不仅降低购买者的交易成本，还提升了资源配置的效率。通常情况下，企业内的交易发生在具有充分信息的流通平台中，这类流通企业在交易活动中扮演着信息提供者的角色。以互联网为技术条件、平台组织为制度条件的互联网平台，正是依靠平台所具有的信息优势，精准定位本地市场消费者的需求并以低廉的价格向其提供其他地方产品的信息，使得产品价格信息的传导更为及时、有效。此外，互联网平台为多边参与者提供的标准化交易程序，能够有效避免修改契约或是不履约的情形，进而节约很大一部分信息搜寻费用和契约执行费用。

四、互联网平台交易成本内生性路径的案例分析

上述分析基本可以明确一点：流通成本将伴随着企业内化市场交易成本而降低。这一结论成立的前提是科斯陈述的市场与企业二分的观点，而兼具市场和企业属性的互联网平台的崛起似乎向这一观点发起了冲击。通常情况下，互联网平台以企业形式呈现，但在具体的交易环节中却又发挥市场的功能。新制度经济学认为企业的产生能够节约交易成本，但缺乏对具体类型企业的探讨作为理论支撑，互联网平台作为特殊化的企业形式，探究其内化市场交易成本的路径，一方面是对新制度经济学理论层面的补充，另一方面也有助于为流通领域从源头解决成本过高问题提供现实参考。

有关互联网平台的讨论主要围绕治理和竞争两个论题展开。治理问题关注平台各参与者之间的互动关系及利益分配，而竞争问题将平台视作竞争主体，分析其市场行为的变动对社会福利变化的影响。治理涉及政策制度，关注有关价值分配、纠纷解决、平台生态系统[①]准入等过程中的规则设计，包括由政府主导的正式制度管制以及平台自发组织和参与的非正式制度约束。[②] 虽然两种不同的治理思路在管理手段或是表现形式上存在诸多不同，但最终的目的都是促使交易达成，实现资源合理有效配置以节约交易成本，进而提升各交易主体的效用水平，至于政府管制和平台治理的边界，则应权衡两者的成本与收益。竞争涉及市场制度，相较于传统实体企业存在大量信息不对称和竞争过度现象，互联网平台有着价格公开、信息高度透明、游戏规则高度清晰的特点，可将其近似看作完全竞争市场。因此对于前者约束效应显著的那一套市场制度安排将不再适用于后者，或者说市场制度安排对平台参与者的约束能力将趋于弱化。

---

① 需要说明的是，本书沿着布德罗和哈吉犹所界定的平台生态系统概念，将这一结构理解为互联网平台和交易方构成的多边市场。

② Parker G G, Van Alstyne M W. "Two-sided network effects: A theory of information product design", *Management Science*, 2005(10): 1494 - 1504.

政策制度和市场制度对互联网平台交易成本内生化的作用机制是互动的。政府作为外部监管者，对互联网平台的管制局限于颁布禁令或者价格限制等有限的手段，且其管制范围只有当平台非正式制度约束进入公共领域，有悖于社会福利最大化目标时才能生效。具体而言，当互联网平台为限制内部竞争，通过征收准入费用或发放许可证等手段人为地打造进入壁垒在一定程度上是可操作的，但若是平台一味追求自身利润最大化，继续提高准入费用，后果将是扭曲竞争和提高交易，此时政府采取价格限制措施不失为一种有效降低交易成本的手段，此处的价格限制措施与前文提及的政府保护主义政策有着异曲同工之妙。又或者为避免信息"搭便车"行为，平台有理由对用户信息进行监管，一旦这部分信息被侵占或是泄露又将引发一系列的纠纷从而间接增加交易成本，因而政策制度对用户数据归属权的界定至关重要。政策制度对流通平台的约束能够节约交易成本这一事实是毋庸置疑的，但在设计一项制度规则时应考虑以下两个现实问题：一是互联网平台的网络外部性，即对市场一方的约束将产生一系列的连锁反应；二是政策制度的落实往往滞后于互联网平台的发展，须考虑这种滞后性对交易成本与收益的影响。

互联网平台交易的非正式制度约束指的是约束平台交易环境健康、稳定发展的那部分制度安排，包括流通平台网络规模经济、标准化的买卖规则、平台基础设施建设、信息技术水平、平台文化引起的消费偏好变化等。以发生在电商平台上的交易为例，其本质上仍是产品或服务在上游制造商和下游消费者之间的流通，不同的是平台将多个单边市场整合成一个多边市场，这种形式的变革使得互联网平台更像是一个"信息集合体"。平台网络外部性、基础设施建设完善、信息技术水平革新确保了消费者不再需要花费大量的时间和精力去搜寻产品价格、产品参数与用户评价信息，仅通过用户交互打分、评级机制（声誉机制）便能获得商家的大部分信息，有效地降低信息不对称水平，大大降低了搜寻成本和获取信息的成本。此外，平台提供的标准化交易程序如第三方支付、七天无理由退换货、责任与风险分担等能够避免在不完全契约条件下许多纠纷的产生，从而节约了契约签订、执行和监督的费用。简单的理解就是互联网平台能够依靠这些非正式制度安排,将高额的市场交易成本内化为平台内部少量的组织和管理成本,节约的这部分交易成本构成了平台的经济租金。

前文的分析似乎暗含了一个观点,正式制度对互联网企业的管制不再像对传统实体企业那样效果显著,相反,对于互联网平台而言,自发形成的非正式制度安排的约束力似乎更强。这一观点产生的原因在于互联网平台在交易过程中所扮演角色的特殊性。与单向价值链中的传统实体企业不同,互联网平台联结多边群体,不仅需要面向消费者交付产品,还需在整合多边信息和资源的基础之上,将其精准地传递给各平台参与者,以满足平台联结多边群体的需求,这种特性决定了互联网平台交易过程中非正式制度的约束效用更强、作用范围更广。事实上,互联网平台从初期建设到成熟发展,本身就是非正式制度安排向正式制度安排的转变过程,从 1994 年接入国际互联网的时刻到 2014 年 2 月中央网络安全和信息化领导小组的成立,反映了我国互联网监管建立、调整和改进的历史过程,也标志着我国互联网平台的约束由非正式制度向正式制度过渡。

五、几点讨论

本章立足资本论、新制度经济理论和空间经济理论三个流通成本研究范式,分析制度语境下交易成本与流通成本间的互动关系以及影响流通成本变动的因素,并以互联网平台为例,探索政策制度、市场制度和非正式制度约束下平台内生交易成本路径,结论和启示有三点。

第一,影响流通成本变动的正式制度安排包括政府和市场两个层面的内容,相较于传统流通产业的正式制度约束,由地理位置、资源禀赋、基础设施建设、文化等因素决定的非正式制度安排无论是作用范围还是约束效力都相对不足。流通成本受到正式制度的约束,在政策制度层面主要发生在政府的保护主义行为和对流通公共设施、税制设计、监管环节的主观干预等方面,在市场制度层面主要体现在对市场交易行为和对企业内部治理的规范、限制上。短期政策制度的倾斜会促进流通产业的发展，但从长期来看，"看得见的手"可能会带来一系列的制度性成本，而"看不见的手"通过契约联结各交易主体，尽可能完备的契约能够避免未来的不确定性造成的外部交易成本和企业管理成本。

第二，流通企业的产生源于对市场交易过程中某些成本的节约，表现为能够用内部的权威代替市场价格机制，将市场交易成本内化为企业内的组织和管理成本。互联网平台作为特殊的企业形式，它的崛起正是源于对交易成本的节约。市场交易成本提高，企业偏好通过互联网平台来扩大贸易市场，消费者也倾向选择网络平台购买商品，规模经济效应使得平台组织交易的成本远远低于市场分散化交易的成本，而流通成本也将随着企业内化市场交易成本降低而降低。据此，政府对互联网平台的治理逻辑应该以鼓励自治为主，以行业引导类的政府监督为辅。

第三，围绕平台竞争和治理问题的讨论反映了制度安排语境下互联网平台交易成本的内生性路径。平台所具有的价格公开、信息高度透明等特性决定了市场制度安排对平台参与者的约束效果远逊于传统实体企业，而政府层面的制度虽然约束效果好但也存在诸多局限，管制手段的有限性、管制范围的限制性、政策落实的滞后性等都是亟待解决的问题。而非正式制度的约束力似乎更强，平台仅需花费少量的组织和管理费用，就能借助买卖规则、声誉机制、平台文化等非正式制度安排，降低市场交易过程中的搜寻成本，减少甚至避免因契约纠纷产生的附加成本。当然，非正式制度过度的约束也将诱发制度壁垒过高甚至形成行业垄断，这显然有悖于社会福利最大化的目标。政府寻找正式制度和非正式制度约束的边界范围将是今后研究的重点。

第七章
流通成本变动与制造业空间集聚

流通产业在市场价格体系中发挥信息传递作用的这一事实,对侧重制造业绩效研究的传统产业组织理论提出了新的理论要求。从分析性合约来看,流通产业与制造业在合约上的区别是社会生产链中以中间商品合约代替了产业内的劳动合约,流通产业合约常常表现为中间商品的契约交易效率高于劳动力契约效率。关于流通产业的绩效,可以以价格信息的传递效率及该过程产生的流通成本两方面来考察。藤田等(1999)通过"中心-外围"模型,说明了产业集聚程度与流通成本之间的非线性关系,但这个模型仅考虑商品运输成本,因而对该模型有着进一步探讨的必要。

一、流通厂商的空间区位决定机制

现代经济学特别注重从市场外部性、交易成本、报酬递增等影响因素来研究产业集聚,认为产业间的前向关联和后向关联会通过市场外部性来推动产业集聚。克鲁格曼曾借助规模报酬递增假设来推导交易成本与经济活动空间分布之间非线性的倒 U 形关系,并以作为交易成本重要组成部分的运输费用来分析产业集聚的形成过程。关于报酬递增之于产业集聚的形成和发展,克鲁格曼运用垄断竞争模型和萨缪尔森"冰山方程",把收益递增和交易成本纳入经典的一般均衡分析框架，并通过劳动力的跨地区流动来解释集聚的发生机制。事实上，无论是以替代弹性来表征的规模经济（报酬递增或成本劣加性），还是以贸易成本来表征的运输成本，产业集聚的形成机制在现象形态上都表现为企业上下游间的投入产出联系，即产业的前向关联和后向关联。这种充满着竞争和垄断的前向关联和后向关联所反映出来的行为过程，既适合于制造业，也适合于流通产业。以流通产业集聚背景下的投资选择行为而言，流通厂商较之于制造业厂商，具有大同小异的行为特征。

1. 流通产业与制造业的后向关联以及流通产业与消费者的前向关联，可以通过制造业供给流通产业的商品量以及流通产业提供给消费者商品和服务的份额与比例来表示

在不完全竞争条件下，流通厂商的空间区位决定是同流通产业的空间集聚相伴而行的。流通产业与制造业的后向关联以及流通产业与消费者的前向关联，主要发生在制造业供给流通产业的商品量以及流通产业提供给消费者商品和服务的份额与比例，也就是说，制造业提供给流通产业的商品数量与消费者吸纳流通产业的商品和服务数量之比例，会构成一个决定流通产业在某区域能否出现空间集聚的系数。如果我们用 $Input_{ki}$ 表示流通厂商 i 来自制造厂商 k 的商品，以 $Input_{ji}$ 表示流通厂商 i 被消费者 j 吸纳的商品和服务，当 $Input_{ki}$ 与 $Input_{ji}$ 的比例大于 1，即 $Input_{ki}/Input_{ji}$ 大于 1 时，流通产业在该区域的空间集聚将会受到限制，而当 $Input_{ki}$ 与 $Input_{ji}$ 的比例小于 1，即 $Input_{ki}/Input_{ji}$ 小于 1 时，流通产业在该区域的空间集聚将会迅速发展。流通产业的市场外部性可以通过这个比例式来判别，精明的投资者会在实践中依据这个比例进行理性的投资选择。

2. 制造业供给流通产业的商品量以及流通产业提供给消费者商品和服务的份额与比例，可以从局部均衡和一般均衡两个角度来认识

根据 $Input_{ki}$ 与 $Input_{ji}$ 比值来选择空间区位是流通厂商投资选择的重要特征。假如我们运用统计计量方法对某一区域所有的流通厂商、消费者集群以及给流通厂商提供商品的所有制造业厂商做进一步涉及空

间集聚的分析,则 $\sum \text{Input}_{ki}$ 和 $\sum \text{Input}_{ji}$ 无疑是决定流通厂商投资选择的两大集合性变量。$\sum \text{Input}_{ki}$ 和 $\sum \text{Input}_{ji}$ 的比值系数的含义,综合反映了流通产业空间集聚的前向和后向关联、市场外部性、要素流动等的内在制约。流通厂商决定在某一区域投资前,通常会对这些制约因素展开以利润最大化为导向的理性分析。这种理性投资选择的具体特征之一是流通厂商要分析其与制造商后向关联中的运输费用,要分析当地的工资水平,要分析其营销模式在该区域是否"水土不服",[①]要分析扩大商品销售和广泛提供服务的广告宣传以及与地方政府协调的交易成本等。从纯经济理论的角度来考察,流通厂商分析这些因素进而决定是否做出投资选择,体现了个别流通厂商对影响或决定投资收益主要因素进行局部均衡分析的选择特征。

实际上,就某一区域流通产业的空间集聚而论,Input_{ki} 与 Input_{ji} 的比值所体现的是该区域流通厂商、消费者与制造商之间的局部均衡,而 $\sum \text{Input}_{ki}$ 和 $\sum \text{Input}_{ji}$ 的比值所反映的是该区域流通厂商、消费者与制造商之间的一般均衡。如果说 $\text{Input}_{ki} / \text{Input}_{ji}$ 反映流通产业在某一区域的空间集聚是受到限制还是会发展,那么,$\sum \text{Input}_{ki} / \sum \text{Input}_{ji}$ 便揭示出该区域流通产业是否存在规模报酬递增。联系竞争和垄断来分析,某区域流通产业是否存在规模报酬递增,可从两种背景来理解和认识:①该区域的商业和仓储网点尚未形成集中度,换言之,该区域的商业和仓储网点尚未形成局部垄断;②该区域的商业和仓储网点已形成局部垄断。在前一种情况下,规模报酬递增通常呈现出不规则的波动和分布,这种不规则波动主要表现在业已形成一定规模的网点,在不同时期有不同的商业利润,而尚未形成一定规模网点的商业利润则有可能在某一时期出现递增。这种状况会诱导投资者进入该区域进

---

①　忽视营销模式是否"水土不服"而导致在某一地区或某国投资失败的案例并不鲜见。例如,全球最大的电器连锁商百思买(BESTBUY)在中国的九家门店,就是因为在明码标价、经销制、品牌陈列等方面不同于苏宁、国美、五星等电器商家而退出中国市场。百思买关闭在中国的九家门店给流通厂商的投资选择提供了鲜活的案例,强化了流通厂商在这方面的投资选择特征。

行投资。在后一种情况下,尽管规模报酬递增现象明显,但由于商业和仓储网点已形成局部垄断,该区域的进入门槛会阻止实力较弱投资者的投资选择。

3.对流通厂商投资选择的定量分析,可以围绕流通产业与制造业的后向关联以及流通产业与消费者的前向关联来进行探索

实际上,某区域在特定时期的 $\sum \text{Input}_{ki}$ 和 $\sum \text{Input}_{ji}$ 的样本数据为计量经济分析提供了分析对象。我们可以通过对计量模型 $Y = A\sum \text{Input}_{ki} + B\sum \text{Input}_{ji} + \varepsilon$ 进行回归分析,探索某区域流通产业的规模报酬递增或成本递减(劣加性)。这一研究思路在甄别某区域流通产业是否存在规模报酬递增现象的同时,可以辅助 $\sum \text{Input}_{ki} / \sum \text{Input}_{ji}$ 是大于1还是小于1的判断,由此我们可以探索投资者的选择特征。总的来说:当 $\sum \text{Input}_{ki} / \sum \text{Input}_{ji}$ 小于1时,表明某区域流通产业在局部垄断下存在报酬递增现象;当 $\sum \text{Input}_{ki} / \sum \text{Input}_{ji}$ 大于1时,则表明某区域流通产业在局部垄断下的报酬递增现象并不是很显著。这两种不同状态对投资者投资选择的影响,与 Input_{ki} 和 Input_{ji} 的比值小于1或大于1的情形是大体相同的。但我们无论是分析 Input_{ki} 和 Input_{ji},还是对 $\sum \text{Input}_{ki}$ 和 $\sum \text{Input}_{ji}$ 进行研究,都必须对包含于这两组变量之中的运输费用、交易成本、工资水平等做出考察,这便是前文提及的,将流通产业空间区位决定理解成是商业网点和仓储布局、要素流动、运输费用变量之函数的学理所在。

4.分析流通产业空间集聚及厂商的投资选择,既要关注市场性因素,也要关注非市场性的投资环境

投资者选择某区域进行投资,同样会关注资金得以运作的外部条件系统的非市场性的投资环境,它包括地理位置、政策环境、基础设施条件、人文环境等。新经济地理学注重研究市场环境对产业空间集聚的决定作用,新古典经济学注重研究地理环境、要素禀赋、政策等地区性因素对产业空间集聚的决定作用。其实,联系 $\sum \text{Input}_{ki}$ 和 $\sum \text{Input}_{ji}$ 来考

察厂商的投资选择，这些决定产业空间集聚的因素对投资选择的影响都是不可忽视的。在某一具体的时空，$\sum Input_{ki}$ 所含括的某区域流通厂商与制造商的产品流量以及对应的价格总额是投资者前期投资选择的结果，$\sum Input_{ji}$ 所含括的某区域流通厂商与消费者之间的商品和服务流量以及对应的价格总额是投资选择收益的结果。当我们只是从市场环境来研究产业空间集聚及厂商的投资选择时，分析重点会集中于产业的前向和后向关联、中心和外围扩散、运输费用和工资水平等；但当我们全方位考察产业空间集聚决定及厂商的投资选择时，研究范围就有必要扩大至地理环境、要素禀赋、政策等地区性因素，乃至投资区域的人文环境和社会价值观。

　　流通产业之所以会在某一区域（中心城市最为典型）形成空间集聚，是因为该区域的投资环境在地理条件、要素禀赋、政策、人文环境和社会价值观等方面有着优势配置。从这些要素之间的关联来看，尽管地理位置、资源禀赋同人文环境和社会价值观弱相关，但地理位置的形成过程和资源禀赋对人们价值取向或多或少会产生影响。在地区性经济政策的设计过程中，决策者通常会在社会价值观的支配下参考地理位置、资源禀赋，并且地理位置、资源禀赋一般会影响投资者对投资环境的价值评判，从而影响他们的实际投资选择。流通产业在某一地区 $\sum Input_{ki}$ 和 $\sum Input_{ji}$ 的价格总值的逐年上升，所揭示的是该地区流通产业的空间集聚正趋于完成或已经完成，但这种空间集聚的背后，投资者不仅看中了这个地区的市场环境，而且也看中了这个地区的地理条件、要素禀赋、政策、人文环境等。

　　投资者（流通厂商和制造业厂商）投资选择所瞄准的区域一般是消费者向往的安居乐业的区域。以新制度经济学的观点来解释流通产业在某一地区的 $\sum Input_{ki}$ 和 $\sum Input_{ji}$ 价格总值的逐年上升，就是该地区的制度安排适合于流通产业的空间集聚，并符合流通厂商在制度安排约束下的投资理念。投资环境作为一种在社会经济层面上的制度安排，主要包括法律规则、经济组织方式、行政规章等。跨国公司或国内大型流通厂商对某一地区进行大规模的投资，通常不能绕避同地方政府的讨价还价，这种讨价还价式的投资选择是源于厂商与地方政府之间存在着不同的目标函数。在信息不对称情形下，厂商与地方政府会围绕土地使用价格、税收征收、基础设施配套等问题展开博弈。在博弈双方对以上问题的底牌相互不知晓的状况下，即地方政府不清楚流通厂商是否愿意接受自己开出的招商菜单，流通厂商不知道地方政府所列菜单的底蕴和是否存在让步的余地时，博弈就表现为在谈判和契约签订过程中的讨价还价与纷争。流通领域的大型投资项目一定伴随着厂商和地方政府之间的讨价还价与纷争，这可以看成是跨国公司或国内大型流通厂商投资选择的一个特征。

5.地方政府制度安排质量的优劣，会影响流通产业的空间集聚及厂商的投资选择

在中国存在着这样一种普遍性的现象：地方政府出于提升 GDP 或扩大税收等考虑，通常在与跨国公司或国内大型流通厂商的讨价还价中做出一定的让步，这种让步的直接后果是厂商的经营成本大幅度下降，以至于为它们在该地区形成流通领域的局部垄断打下基础。中小流通厂商的投资选择通常不具有同政府的讨价还价能力，但中小流通厂商是否决定在这个地区进行投资关系到该地区 $\sum \text{Input}_{ki}$ 和 $\sum \text{Input}_{ji}$ 的价格总值，影响到该地区流通产业空间集聚的程度和范围。同时，中小流通厂商可以"搭便车"地利用跨国公司或国内大型流通厂商在与地方政府讨价还价中所形成的有利于降低成本的制度安排。厂商的投资选择不仅包括投资主体依据市场规则的行为方式，也包括同政府的博弈纷争，这是我们分析流通产业空间集聚背景下厂商投资选择问题时所必须认识的。

流通厂商的投资选择行为贯穿于流通产业空间集聚过程的始终，这是一个不争的事实。以某区域流通产业的空间集聚而言，$\sum \text{Input}_{ki}$ 和 $\sum \text{Input}_{ji}$ 的价格总值能否反映出该区域的空间集聚过程是处于形成发

展阶段还是处于基本完成阶段呢？这个问题需要联系该区域的人口密度、工资水平、运输费用、"中心-外围"发展空间以及与此相关的劳动力供给等来解释。一般来讲：人口密度大，工资水平高，$\sum \text{Input}_{ji}$ 的价格总值就呈上升趋势；运输费用低，劳动力供给充分且"中心-外围"发展空间大，则 $\sum \text{Input}_{ki}$ 的价格总值会加速提升。[①] 在这里，我们看到了 $\sum \text{Input}_{ki}$ 和 $\sum \text{Input}_{ji}$ 的比值对于某区域流通产业空间集聚背景下的厂商投资选择的解析力。

总之，流通厂商在现实中的投资选择既要对某地区的地理条件、要素禀赋、政策、人文环境和社会价值观等做出考虑，也要考虑其与消费者和制造商的前向、后向关联，并对运输费用、交易成本、市场外部性、"中心-外围"扩张等因素进行分析。流通厂商在空间集聚背景下的投资选择是与其空间区位决定交织在一起的。我们在理论上分别讨论这一前后相继的过程是针对流通产业空间集聚形成中投资者在行为上的先后选择步骤而做出的逻辑安排，流通厂商具体的投资选择行为通常以是否决定在某区域布局商业和仓储网点为基础，只有在空间区位决定的前提下，厂商才会做出具体的投资选择。也就是说，厂商的投资选择行为是其空间区位决定的具体化，这种具体化行为在伴随着流通产业空间集聚形成的同时，衔接着流通厂商激烈的市场竞争和垄断，从而使流通产业的市场运行轨迹在理论描述上得以展现。

二、空间经济理论与双边市场理论的融合

梯若尔和罗切特的双边市场理论提供了研究流通产业新的微观视角。双边市场理论认为流通产业的最大特点是"交叉网络外部性"，即个

---

① 或许是现实所蕴含的这种机制启发了新经济地理学，该学派坚持从人口密度、工资水平、运输费用、"中心-外围"发展空间以及与此相关的劳动力供给等因素来解说产业的空间集聚，并且把从中心到外围的扩张看成是产业空间集聚规模的重要因素。现代产业的发展，除劳动力要素流动尚存在国际壁垒外，资金和技术两大要素已完全给产业空间集聚的一体化，乃至给产业空间集聚的泛一体化开辟了道路。以 $\sum \text{Input}_{ki}$ 和 $\sum \text{Input}_{ji}$ 各自的绝对值及其比值的大小来衡量流通产业在某区域的空间集聚规模，也许是一个值得借鉴的分析视角。

体收益受同处于交互网络中的他人行为直接影响。流通厂商的经济职能可理解为提供个体互相贸易的交换平台(platform)。平台的交易职能类似于瓦尔拉斯体系中唯一的拍卖师，各平台价格信息的有效性将取决于各自的交易量，平台的网络外部性效应规模直接取决于交易量以及与此相关的信息传导机制，"中心-外围"模型是以消费者和制造厂商的互动所产生的规模经济集聚效应为基础的，它淡化了信息传导机制。

制造业空间集聚中的信息传导机制在很大程度上是通过流通业网络价格信息来传递的。流通成本发生变动，将直接影响消费者的名义工资和生活成本，这意味着地区制造厂商所面对的消费市场及劳动力市场规模会改变，从而导致制造业空间分布的改变。从产业链之结构看，流通产业处于上游制造商和下游消费者之间，信息优势使得流通产业的渠道优势在商品相对充裕的市场环境下更成为一种稀缺资源，这是流通产业在影响经济空间分布方面的作用(张凯和李向阳，2010；程艳，2011)。地方政府的利益博弈将影响区域间流通政策的安排，我国的政府管理结构类似于公司治理结构上的 M 型层级结构(钱颖一和许成钢，1993)。国外经济实践表明，政府是多重任务的唯一代理人，它往往处于弱制度安排的激励之下，但处于强激励之下的我国地方政府，为推动经济增长和追求政绩，在流通领域会采取地方保护政策，这对制造业的空间集聚会发生影响。

本章将着重分析以下两个方面的问题：①基于双边市场理论多应用于研究微观层面上的流通费用定价问题(纪汉霖和管锡展，2008；石奇和孔群喜，2009)，尝试结合双边市场理论和"中心-外围"模型，在理论上提供一个分析流通产业影响制造业集聚的理论模型。②基于中国各地区市场经济发展及相应制度建设水平差异显著，分析地方政府"锦标赛"式竞争的博弈逻辑对产生地方保护主义的引致作用，并通过流通成本变动的分析来解释制造业的集聚过程。本章运用相对价格法(桂琦寒等，2006)的流通成本度量方法。

三、模型假设及数值模拟求解

以克鲁格曼等人的"中心-外围"模型为基础,流通成本变动影响制造业空间集聚的一般机制如图 7.1 所示。

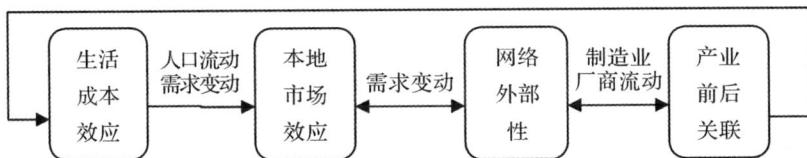

图 7.1　流通成本变动影响制造业空间集聚的一般机制

图 7.1 描述了流通成本变动影响制造业空间集聚的一般机制。其中,以双箭头表示的需求变动,反映了制造厂商、流通厂商和消费者之间的网络联系及由此产生的效应,而产业前后向关联、生活成本效应和本地市场效应,则是对这三大主体行为结果的描述。

当本地人口发生流出时,制造业厂商面对的消费市场规模就会缩小,劳动力供给就会减少,就会出现制造业厂商迁出该地区的市场效应,以及本地消费者不得不支付高昂的流通成本从外地购买商品,从而造成消费者福利减少的市场效应。同时,本地的就业机会也随着制造厂商的迁出而减少,产业内和产业间的溢出效应减弱,从而引发人口大规模迁出的市场效应。这些效应在继之而来的循环中,会在制造业厂商、流通厂商和消费者之间形成网络外部性,这种外部性可概括理解为:流通厂商通过在消费者和制造厂商之间传递信息,发挥其在价格体系中的枢纽作用,而流通成本的高低将影响信息的传递效率,同时各种非市场因素也将对均衡结果产生影响,如生产要素流动和商品交换的市场分割、区域间贸易壁垒乃至区域间经济增长差异等,而所有这些都会在需求变动上反映出来,从而使制造厂商存量资本和增量投资发生流动,它是制造厂商空间集聚变动的外部诱因。

设想一个两地模型[①],任何一地消费者由当地制造业劳动力 n 和农

---

① 详细的数学推导见附录。

业劳动力组成,只有制造业劳动力具有空间流动能力,劳动力的收入为其工资,且不存在储蓄。消费者的福利水平由名义工资 w、当地物价水平 P 与消费的制造业商品消费组合 C_M 和农产品的消费量 C_A 决定。设 μ 为消费者对制造业产品组合的偏好程度,求解消费者的效用最大化问题:

$$L = C_M^{\mu} C_A^{1-\mu} + \lambda(w - P_M C_M - P_A C_A)。$$

可得总物价指数 $P = P_M^{\mu}(P_A)^{1-\mu}$,其中,$C_M = \left[\int_{i=0}^{i=n+n^*} c_i^{\rho} \, di\right]^{1/\rho}$,$P_M = \left[\int_{i=0}^{i=n+n^*} p_i^{\rho/(\rho-1)} \, di\right]^{(\rho-1)/\rho}$,$\rho$ 为消费者对单一制造业产品偏好。

再假定,制造厂商满足 D—S 模型,生产分布于两地且每一厂商最多能雇用 1 单位劳动力,则厂商数量也为 n,并以上标 * 区分不同地区。制造业商品的运输费用 τ 由各制造厂商承担,当存在地方保护主义政策时,当地政府将设置进入壁垒,并给予本地企业好处,即当地厂商负责销售当地消费的所有产品,并收取销售费用 t,农产品的区域贸易无成本。制造业厂商的成本函数为

$$TC_i = w(F + MRC q_i),$$

收益函数为

$$\pi_i = p_i q_i - w(F + MRC q_i),$$

其中,F 表示固定资产投入,MRC 表示以劳动力衡量的边际成本,q_i 为产量。结合消费者的收入约束条件,可推导得

$$\Pi = \mu Y \frac{t_1^{-\sigma} p^{1-\sigma}}{P_M^{1-\sigma}} + \mu Y^* \frac{(\tau t_2)^{-\sigma} p^{1-\sigma}}{(P_M^*)^{1-\sigma}},$$

由利润最大化目标函数得

$$p_i = p = w MRC/(1 - 1/\sigma)。$$

将外生变量参数标准化可简化讨论。遵循已有文献并不失一般性,假设制造业部门边际成本 $MRC = 1 - 1/\sigma$,固定投入 $F = 1/\sigma$,农业劳动力总量为 $\dfrac{1-\mu}{\mu}$ 且对称分布。

制造业的空间集聚过程可分为短期均衡和长期均衡两种情况。在短期内,假定模型中不存在制造业劳动力流动,模型的空间分布均衡状态

分为集聚分布均衡与对称分布均衡两种。集聚分布均衡时,厂商集聚于一地,即本地制造厂商占整体的比例 S_n 为 0 或 1。假定对称分布均衡的厂商平均分布于两地,即 S_n 为 0.5。由于制造厂商行为满足可竞争理论,经济利润为零,可得

$$w = \frac{\Pi}{\sigma F}。$$

于是,我们根据均衡时实际收入必相等,知短期均衡条件

$$\omega = \frac{w}{P} = \frac{w^*}{P^*} = \omega^*,$$

并设定适当的参数,得短期内的工资率差异与制造厂商分布的滚摆线图。在这个滚摆线图中,我们参考了相关文献设定:数值模拟的外生参数设为 $S_l = 0.5, \mu = 0.4, \sigma = 5$;误差精度范围为 0.05%。为更清晰地了解流通成本变动对厂商收入的影响,厂商销售环节的总收益可通过

$$\pi = \left[S_n \mu Y \frac{t_1^{1-\sigma} p^{1-\sigma}}{P_M^{1-\sigma}}(t_1-1) + (1-S_n)\mu Y \frac{(\tau t_2 p^*)^{1-\sigma}}{P_M^{1-\sigma}}(\tau-1) \right], \sigma = \frac{1}{1-\rho}$$

计算。

针对不同的销售成本,我们可对某区域的厂商分布、实际工资率和流通环节总收益做出短期均衡模拟假设与分析。在低运输成本($\tau = 1.5$)或高运输成本($\tau = 1.7$)条件下:上调销售成本 t_1 和 t_2,并不能改变短期均衡结果(图7.2、图7.3);销售成本的提高会引起流通环节总收益的减少(图7.4、图7.5),从而显示消费者实际支出减少。流通成本上升会致使消费者对本地和外地商品支出减少,这会抵消流通成本提高所带来的收益提高;提高销售成本并不能改变制造业的地理分布,对商品销售环节征收高税收并不一定能带来预期中的高财政收益。这便是图7.2、图7.3、图7.4、图7.5在若干假设下所得出的部分结论。

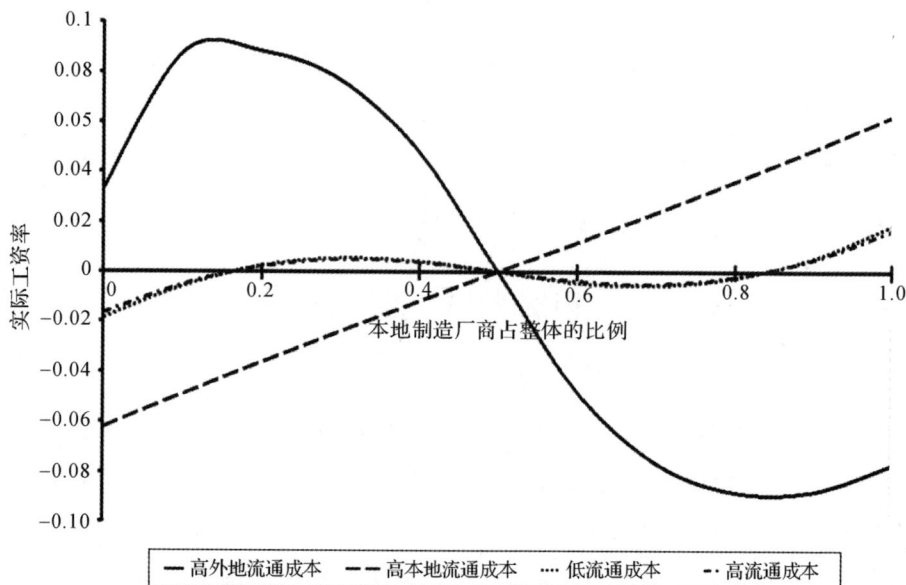

图 7.2　低运输成本、实际工资率差异和厂商分布

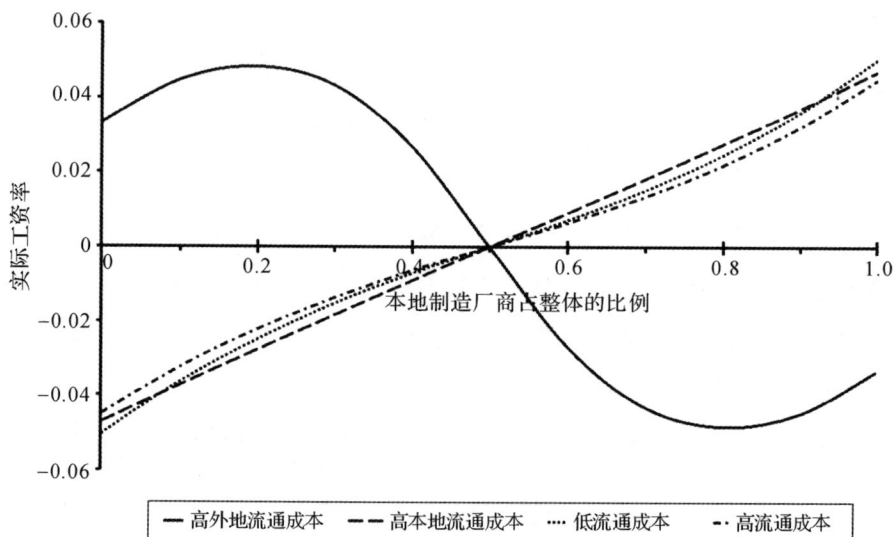

图 7.3　高运输成本、实际工资率差异和厂商分布

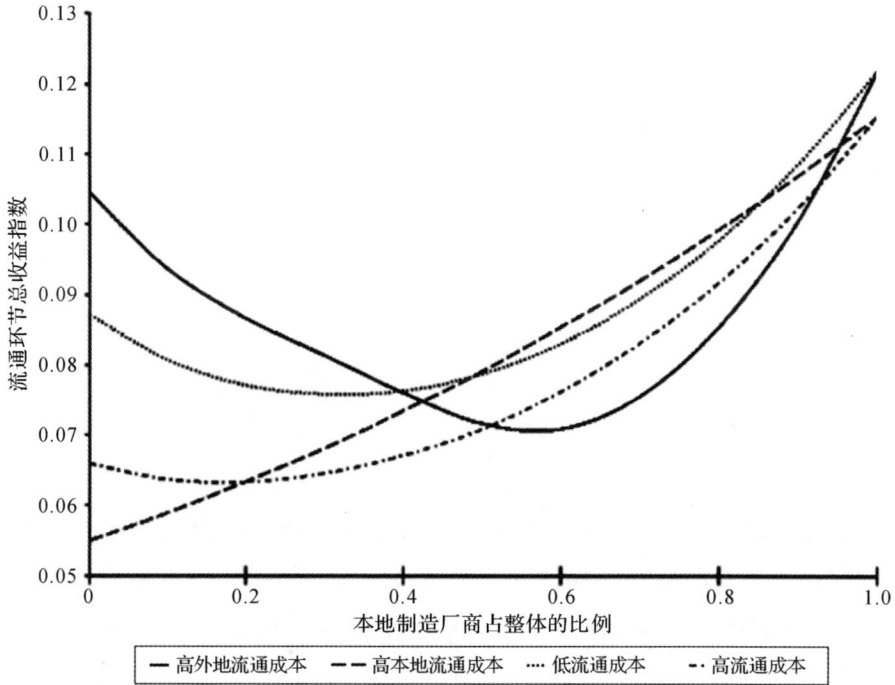

图 7.4　低运输成本、流通环节总收益和厂商分布

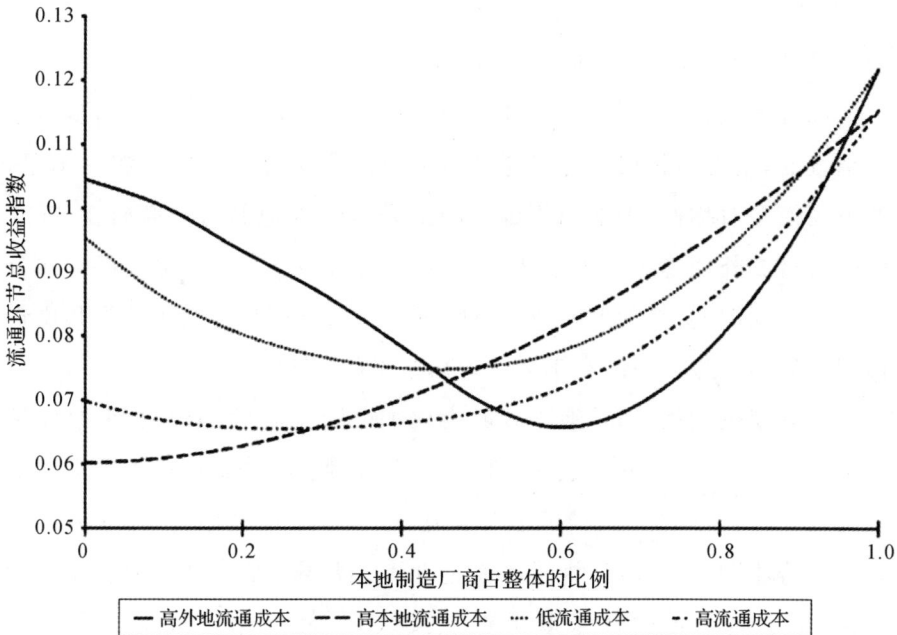

图 7.5　高运输成本、流通环节总收益和厂商分布

如果在低运输成本条件下($\tau=1.5$)，分别上调本地销售成本 t_1 和外地销售成本 t_2（图7.2），模拟结果表明，外地销售成本 t_2 的提高将会瓦解由低运输成本和低销售成本所形成的集聚均衡，此时本地销售成本的增加并不影响均衡结果，制造业空间分布将演变为对称均衡。相比于低流通成本条件下的均衡结果，如果提高本地流通成本，并不一定会增加本地流通环节总收益（图7.4），更有可能的情况是，本地居民更多地消费外地商品，以至于进一步减少了对本地制造厂商产品的需求。但在高运输成本条件下($\tau=1.7$)，制造业空间分布结果演变为对称分布均衡的可能性较大，因为提高本地销售成本将瓦解对称分布均衡，使制造业趋向于空间集聚均衡（图7.3）。不过，短期内任何一地的流通成本上升，都可能带来消费者对于该地商品需求的大幅减少和随之而来的制造厂商迁出。这表明中心地区完成初步制造业集聚后，保持经济集聚势头的关键是降低当地的流通成本以保持集聚优势。这给我们以下启示：外围地区应抓住中心发展地区的流通成本居高不下的机会，及时开放市场，降低商品在本地市场的流通成本；若地方政府为追求更高的财政税收而采取贸易保护政策，并不一定能带来流通环节总收益的增加。

综合短期分析，可以发现外地销售成本上升时，空间分布均衡便会发生改变；本地销售成本的变化基本上不会影响经济地理分布的结果。考虑到模型对称性，本地销售成本的上升对于外地制造厂商而言，很有可能会造成外地销售成本上升。从外地厂商的视角来看，之前的空间分布均衡将瓦解，会转而形成新的空间分布。数值模拟结果为什么和逻辑推理结果不一致？原因在于多重均衡结果的存在。

考察集聚均衡分布：地方政府为增加流通总收益，通常会采取保护主义政策，这会引致外围地区销售成本上升，此时，制造厂商为追求保护主义政策所产生的"租金"而迁入本地；对于中心地区而言，外地流通成本上升将驱动厂商迁出，为维持制造业本地集聚，保持自身中心地区的地位，发达地区将同样采取保护主义政策，从而销售成本也会上升（表7.1）。一个不可绕避的事实是，高流通成本将造成物价水平的迅速

上升,实际购买力严重下降,消费者的大部分支出被流通成本的提高所
蚕食,社会福利受到严重损害,这可以理解为是区域之间政策博弈的"囚
徒困境"。同时,这里的分析亦适用于对称均衡分布:当任意一地采取保
护主义政策时,另一方都将被迫实行贸易保护政策,结果全社会的流通
总收益减少,可见保护主义政策并未真正起到"保护"效果。更为严重的
问题在于,区域性保护主义损害了自由经济的运行效率,商品价格体系
的扭曲将影响资源分配利用的经济效率,助长过分干预的政府行为,扼
杀自由企业家精神,恶化经济环境。关于这种情况,表 7.1 给出了分析
性框架。

表 7.1　短期均衡分析结果

项目	低本地销售成本,低外地销售成本 ($t_1=t_2=1.5$)	高本地销售成本,低外地销售成本 ($t_1=2,t_2=1.5$)	低本地销售成本,高外地销售成本 ($t_1=1.5,t_2=2$)	高本地销售成本,高外地销售成本 ($t_1=2,t_2=2$)
低运输成本 ($\tau=1.5$)	集聚均衡	集聚均衡	对称均衡	集聚均衡
流通总收益	—	①本地为中心地区时,流通总收益略微增加;②本地为外围地区时,流通总收益增加	流通总收益明显减少	①本地为中心地区时,流通总收益基本不变;②本地为外围地区时,总收益增加
高运输成本 ($\tau=1.7$)	对称均衡	集聚均衡	对称均衡	对称均衡
流通总收益	—	无论本地是否为中心地区,流通总收益增加	流通总收益减少	流通总收益减少

与短期均衡不同,长期均衡分析需考虑人口流动。基于长期均衡分
析要研究的均衡结果及对应的流通成本范围会不同于短期均衡,我们应
分别就长期对称均衡和长期集聚均衡两种情况展开讨论。依据长期对
称均衡被瓦解的条件,假定本地制造厂商比例为 0.5,在不存在区域间
实际工资率差异和劳动力流动的情况下,把销售成本和运输成本等变量

代入长期对称均衡条件$\dfrac{\mathrm{d}\omega}{\omega}=0$,可得

$$(\xi\tau)^8-6(\xi\tau)^4=1 \qquad\qquad (7.1)$$

其中,ξ表示地区间销售成本差异,τ表示运输成本。(7.1)式说明长期对称均衡是否瓦解和销售成本的绝对值大小无关,它主要取决于区域间流通成本差异及运输成本的大小(图7.6)。类似地,针对长期集聚均衡的瓦解条件,如果我们假设此时制造业集聚于本地,且本地制造厂商比例$S_N=1$,则集聚均衡的瓦解条件是$\dfrac{w}{P}=\dfrac{w^*}{P^*}$,即

$$1.4t_1^{-2}(\tau\xi)^{-6}+0.6t_1^{-2}(\tau\xi)^2=2 \qquad\qquad (7.2)$$

(7.2)式说明长期集聚均衡是否瓦解取决于销售成本、区域间流通成本差异及运输成本三因素的互相影响。在该种情况下,过高的流通成本将削弱中心地区的集聚优势,导致集聚瓦解(图7.7)。

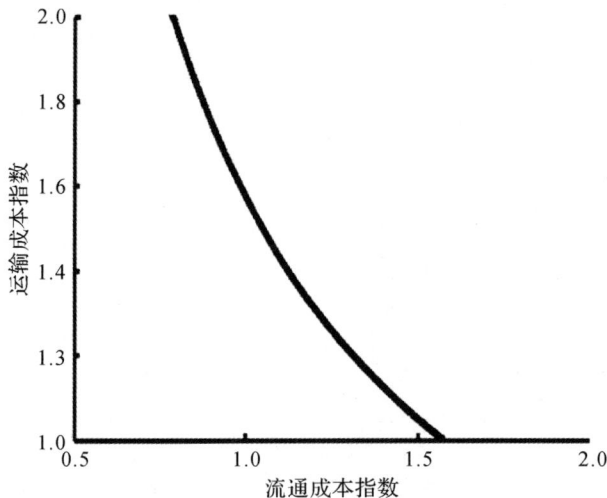

图 7.6 长期对称均衡瓦解条件

模拟结果表明:长期对称均衡瓦解点位置与销售成本无关,但要受运输成本和销售成本区域间差异影响(图7.6):当运输成本或销售成本区域间差异增大时,(7.1)式左边将大于右边,并且$\dfrac{\mathrm{d}\omega-\omega^*}{\mathrm{d}S_N}<$

0。这说明对称均衡分布将得以维持,也就是说,若要瓦解对称均衡,需

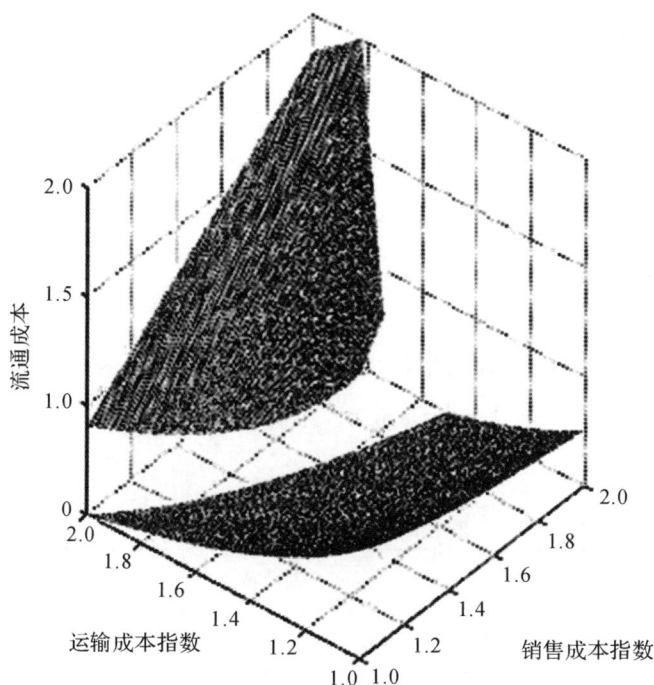

图 7.7 长期集聚均衡支撑条件

要同时减小区域间运输成本和销售成本差异。事实上,高流通成本环境下所产生的对称均衡分布是低质量的经济平均发展,尽管区域间经济发展差距不明显,但福利水平相对于低流通成本环境下要更低。

长期集聚均衡由运输成本、销售成本和区域间销售成本差异共同决定,这种情况在较为复杂的图 7.7 中得到了抽象反映。这需要我们对外生参数做出假设性分析。若区域间销售成本差异不明显($\xi < 1$),运输成本和销售成本的提升都将继续维持本地集聚均衡;只有当运输成本和销售成本同时降低,本地集聚均衡才会瓦解。若区域间销售成本差异明显(本书参数设定 $\xi > 0.61$),运输成本和销售成本的提升将瓦解本地集聚均衡。这里的结论是,在区间 $0.61 < \xi < 1$ 上存在多重均衡,但运输成本和销售成本对集聚均衡的影响方向并不确定。

值得进一步讨论的是,特定区间运输成本和销售成本的提升都将继续维持本地集聚均衡。在短期,采取保护主义政策可能有利于当地制造业集聚的形成,但在长期这样的集聚优势并不可维持。在当地制造厂商有较强的区域性垄断能力时,若该地采取保护主义政策,会造成流通成本进一步上升,其结果是当地制造厂商将受益于这种保护政策所带来的政治性租金,从而继续集聚于该地区,并且本地流通环节的收入增加也扩大了当地政府的税基。但正如短期分析所表明的,这样的保护政策无疑会削弱中心发展地区的竞争力。这是因为,若外围地区及时开放市场并推行优惠政策,将导致制造业厂商向外围地区迁徙。但在长期均衡中,流通成本区域间差异是经济发展不平衡的重要原因。地方政府的保护主义政策会提升全社会流通成本,扭曲市场价格体系,扩大区域间发展落差(表 7.2)。

表 7.2　长期均衡分析结果

均衡	流通成本
对称均衡	①随着区域间流通成本差异减小,对称均衡瓦解; ②若不存在区域间流通成本差异,则均衡结果仅受运输成本影响
集聚均衡	①当区域间流通成本差异较小时,运输成本和销售成本提升,集聚均衡将继续维持; ②当区域间流通成本差异较大时,运输成本和销售成本提升,集聚均衡瓦解

四、计量模型与实证检验

制造业空间集聚受区域间流通成本影响的情况要求我们必须找到度量流通成本的方法。桂琦寒等(2006)曾结合一价定律和冰山模型,给出了一个度量流通成本的方法,这一度量方法是以相对价格法为基础的,国内学者曾将这一度量方法运用于相关的研究中(陆铭和陈钊,2009;张杰等,2010;行伟波,李善同,2012)。现在联系省际流通成本变动对制造业空间集聚的相关性,我们可以假设本地商品价格为 p_1[①],外地商品价格为 p_2,流通成本为 c,外地商品在本地流通的价格

---

① 在"中心-外围"模型中,该价格以一组具有代表性的本地商品的价格指数衡量,这意味着我们可直接利用各地物价指数来计算各地流通成本 c。

为 cp_2。若 $p_1 > cp_2$，则存在套利机会，商品将由本地流向外地直至 $p_1 = cp_2$；若 $p_2 < p_1 < cp_2$，本地消费者将偏好本地商品，本地商品价格将上升至 $p_1 = cp_2$。一般性地，地区 i 和地区 j 之间的流通成本可表示为

$$c_{ij} = \begin{cases} \dfrac{p_i}{p_j}, & \dfrac{p_i}{p_j} > 1 \\[2mm] 1, & \dfrac{p_i}{p_j} \leqslant 1 \end{cases}。$$

根据《中国统计年鉴》中的分地区商品零售价格指数，本书拟选择 70 对地理接壤的省份数据对流通成本进行度量。先前的很多研究显示，地区 i 的综合流通成本指标通常等于 n 个相邻省份流通成本的均值，即

$$\text{cost-} \mathrm{I}_i = \frac{1}{n} \sum_{j=1}^{n} c_{ij}。$$

若地区 i 流通成本较低，则 cost-I_i 指标应较接近 1。为了避免问题分析的复杂性，本书拟将不同地区的商品零售价格指数对数化后相减，这样或许能抵消地区物价间共同因素的作用，更能反映各地区的自身因素。

通过计量 1996—2010 年中国东中西三大区域的流通成本指数，可以发现目前全国范围内的流通成本正不断上升，其中西部地区的流通成本最高，东部地区次之，而中部地区的流通成本是三大区域中最低的，且区域间流通成本的差异在经历了一段时间的持续缩小之后，又重新扩大（图 7.8）。中国制造业由东部向中部转移的现象背后的一个重要原因是东部地区流通成本较高，而中部地区则拥有政府优惠政策和相对低廉的要素价格优势，包括流通成本在内的经济运行成本较低。这种情况导致了国内市场分割出现了加剧的趋势。[①]

图 7.8 有关全国及三大区域流通成本估计的数据，支持图 7.1 有关流通成本变动影响制造业空间集聚的一般机制的描述。也就是说，

---

① 本书的结论和桂琦寒等（2006）关于中国市场分割程度的研究正好相反，这是由于他们的数据截止至 2006 年，彼时正好处于国内市场统一程度上升的阶段。

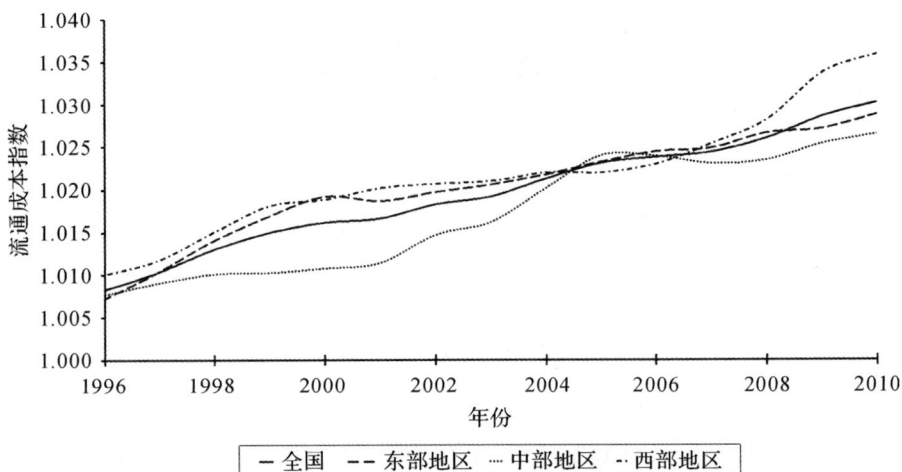

图7.8 全国及三大区域流通成本估计

注：数据资料来自历年《中国统计年鉴》，经作者计算所得。

制造业集聚受四大效应影响：生活成本效应、本地市场效应、产业前后向关联和流通产业的网络外部性。我们将采用一个反映这四类新经济地理效应的面板计量模型，即其中，$X1$ 为新经济地理解释变量，$X2$ 为其他增长变量。计量模型的变量及其经济含义如表7.3所示。

$$Y_i = c_i + \beta_1 X1_i + \beta_2 X2_i + \varepsilon_i \qquad (7.3)$$

表7.3 计量模型的变量及其经济含义

变量	变量表示	经济含义
被解释变量	perind	实际人均工业产值
新经济地理解释变量	pergdp lncpi CPI urban firm	实际人均GDP 制造业厂商密度（个数/面积） 物价指数 城市化率（城市人口/总人口） 流通成本指数
其他制造业集聚相关控制变量	gov percapital edu lncapital Wperind	政府规模指标 实际人均资本 劳动力素质（人均受教育年限） 交通运输条件（公路长度/面积） 制造业空间溢出效应

制造业集聚不仅意味着地区相关经济变量绝对值的增大,还伴随着密度层面上相对指标的显著,我们在此采用实际人均工业总产值 perind 作为反映制造业集聚程度的指标。[①] 这个指标所蕴含的经济含义是实际人均工业总产值越高,制造业集聚程度越高。本地市场潜力以反映地区收入水平的实际人均 GDP 之 pergdp 作为衡量指标。但我们分析产业前后向关联时,则应以地区制造业厂商密度 firm 来衡量,因为制造厂商选址往往选择和上下游企业相邻的区域以获得更紧密的商业联系,区域内制造业厂商密度越大,其形成产业内和产业间联系的可能性越大。同时,各地物价指数变量 CPI 反映生活成本效应,流通成本指数 cost-Ⅰ 为几个相邻省份流通成本的均值;其他控制变量,如农业人口数记的城市化率 urban(Wen,2004)、以地方政府收取的增值税和企业税计量的政府规模指标 gov[②]、实际人均资本量 percapital 和根据劳动力人均受教育年限度量的劳动力素质 education 等,都应该作为检验依据的面板数据的单位根;同时,要区分商品运输成本对制造业集聚的影响,需要考虑交通运输变量 road(金煜等,2006);至于空间溢出效应变量 Wperind,则用于衡量相邻省份制造业发展水平对本地制造业的影响。

本书数据来自 1996—2010 年各年《中国统计年鉴》及《中国劳动力统计年鉴》,之所以采用 1996 年而非更早的数据,是由于我国商品价格定价权直至 1992 年才基本放开,之前的数据并不能较好反映市场情况,同时也是出于数据可靠性及统计口径连续性的考虑。样本中包含 29 个省份,其中海南、西藏两个地区因数据缺失而剔除。

由于数据跨度较大,数据间存在明显的共同趋势,为避免虚假回归,需对面板数据进行序列单位根检验(表 7.4)。根据 F 检验和豪斯曼检验结果(表 7.5),参考相关文献及一般计量原则,本书采用个体时序双

[①] 工业总产值中还包含非制造行业,但其比重极小。以 2010 年为例,制造业占工业总产值比重为 93.5%,本书认为工业总产值是对制造业发展水平的合适计量。

[②] 分析地方政府规模,增值税和企业税的计量是不可忽略的。财政分权后地方政府的税收主要来自这两项,它们可作为检验地方政府是否会出于自身利益考虑而主动干预当地经济的指标。

固定效应 OLS 回归的方法,同时,为减少截面异方差的影响,使用了聚类稳健标准差,为减少数据内生性,被解释变量都采用滞后一阶的数据。

表 7.4   面板数据的单位根检验结果

变量	LLC	ADF
perind	-5.1479^{**}	56.4239^{**}
firm	-5.8516^{**}	83.8999^{**}
pergdp	-10.6613^{**}	200.6440^{**}
lncpi	-8.7299^{**}	94.2020^{**}
CPI	-8.3640^{**}	157.8060^{**}
urban	-7.1195^{**}	88.9383^{**}
gov	-9.8764^{**}	84.4225^{*}
percapital	-6.2499^{**}	106.5510^{**}
education	-18.7361^{**}	283.7920^{**}
lncapital	-8.0266^{**}	84.6026^{**}

注:** 表示在 1% 的水平上显著,* 表示在 5% 的水平上显著。

表 7.5 中的计量结果(1)表明,政府规模指标 gov、流通成本指数 cost-Ⅰ、实际人均资本 percapital、交通运输指标 road、制造业厂商密度指标 firm 和本地市场潜力指标 pergdp 等变量对各地制造业集聚有正面影响,通过了显著性检验。同时,政府规模指标 gov 的计量结果显示,在目前的财政分权和官员晋升制度下,中国地方政府的区域经济影响力仍十分显著,这一点得到了一系列相关研究的证实(白重恩等,2004;陈敏等,2008;陆铭和向宽虎,2012)。教育年限指标 education 和制造业发展水平呈反方向关系甚至不显著,这与一般理论的预计结果相反,原因可能是目前大部分地区的经济驱动模式还是依靠人力投入而非技术创新,因而劳动力素质对当地制造业发展的正效应被更显著的劳动力投入所掩盖,且劳动力素质类似于固定资产投入,需要形成一定规模才能发挥作用。由于我们采用人均工业指标,因而以非农人口衡量的城市化率指标影响为负。物价指数 CPI 的影响为负,说明价格水平上升导致制造业成本增加,在长期并不利于制造业集聚。

表 7.5 面板计量结果

变量	(1)双固定效应 OLS 回归	(2)双固定效应 OLS 回归	(3)空间固定效应 自相关 ML 回归	(4)双固定效应 自相关 ML 回归
pergdp	0.1185**	0.1132**	0.1485**	0.0971**
	(2.5400)	(2.5000)	(5.0361)	(3.4632)
firm	0.1517**	0.1634**	0.1497**	0.1665**
	(4.0900)	(3.5900)	(8.2161)	(9.7405)
CPI	−2.1956**	−1.8794**	1.1221**	−1.9144**
	(−3.3300)	(−3.2500)	(5.4032)	(−3.5928)
cost-I	2.9536**	72.6223**	49.7839*	74.1370**
	(3.4300)	(2.3500)	(2.1357)	(3.5414)
cost-I^2		−33.3549**	−22.7265*	−34.0918**
		(−2.2900)	(−2.0384)	(−3.4093)
urban	−0.0162**	−0.0112**	−0.0140**	−0.0109**
	(−3.3000)	(−3.2100)	(−6.0596)	(−5.4477)
gov	0.3749**	0.5308**	0.4409**	0.5310
	(3.4300)	(3.7000)	(9.7063)	(11.1948)
percapital	0.1519**	0.1036**	0.1381**	0.0999**
	(2.8900)	(2.9100)	(6.0162)	(4.7051)
education	−0.0086			
	(0.0289)			
road	0.7416**	0.6439**	0.5136**	0.6510**
	(6.0500)	(6.3400)	(7.3023)	(10.5017)
Wperind			0.2820**	−0.1000
			(8.7094)	(−1.8811)
R^2	0.9830	0.9834	0.9904	0.9931
F 值	742.0500**	872.4800**		
LR 检验			612.8876**	34.6228**
Hausman 检验	185.0033**		0.3455**	
时间效应检验	61.7400**			
对数似然值			354.9251	429.0973

注:** 表示在 1% 的水平上显著,* 表示在 5% 的水平上显著。

依据流通成本指数越高说明某地区流通成本越高的现实,我们有理由认为计量系数为正,说明保护主义政策对该地制造业发展有较大帮助。考虑到区域间经济发展的不平衡和区域间空间溢出效应,再考虑到计量模型中的流通成本指数 cost-I 仅仅考虑了一次项,这很可能导致在计量模型中只体现其正效应而忽略可能存在的其他效应,现在的问题是,对所有地区而言,采取保护主义政策一定会对制造业发展有明显的促进作用吗? 显然这个问题值得研究。为进一步探究流通成本和区域制造业发展之间的关系,我们应将该指数的高阶项加入到计量模型中加以考察。诚然,面板模型的 OLS 回归说明了包括流通成本在内的各种因素如何影响各地制造业发展水平,但并未明确说明本地流通成本将如何影响周围区域。根据本书各省份制造业发展的相关数据,可计算得空间自相关 Moran 指数为 0.1336,且通过显著性检验,这说明我国各省份间存在明显的经济空间溢出效应(吴玉鸣,2006;潘文卿,2012),正是根据这种空间上的互相关联,我们可以将计量模型(7.3)推广至空间计量形式:

$$Y_i = \beta_3 W_i Y_j\,|_{\,j \neq i} + c_i + \beta_1 X1_i + \beta_2 X2_i + \varepsilon_i \qquad (7.4)$$

(7.4)式中,W 表示一阶空间权重矩阵,此时面板 OLS 及 GLS 估计结果存在偏颇和不一致的情况(Anselin,1988),需采用最大似然估计的 ML 回归方法。本书在 LM 检验(表 7.6)确定模型形式的基础上,采用空间一阶自相关模型,并通过 LR 检验和豪斯曼检验来选择固定空间效应模型。

表 7.5 显示,新经济地理变量对制造业集聚的影响是显著的。具体地说,本地市场规模的扩大、产业间前后向关联的加强都有利于形成制造业集聚,而本地生活成本的提高则不利于制造业集聚。在控制了对制造业集聚有正向影响的交通运输条件 road 和有负向影响的生活成本 CPI 这两个变量之后,cost-I 指标前系数为正且通过显著性检验,这说明流通成本的提高有利于制造业集聚,这似乎和之前的流通成本提高造成产业迁徙的结论相反。但如果我们将流通成本指数的二次项 cost-I^2 加入模型中,并剔除不显著的变量 education,就可以得到表 7.5 中的计量结果(2)。计量结果(2)中 cost-I^2 的二次项通过显著性检验,说明流通成本和制造业集聚存在倒 U 形关系(图 7.7),即在一定范围内(以本模型为例,交易成本指数<1.0870),流通成本的提高有利于当地制造业的集聚,但过高的流通成本终会导致严重的市场分割现象(倒 U 形曲线的右端),这会阻碍区域经济的进一步发展。在数据检验的 435 个观察点中,有 428 个观察点(98.3%)处于该范围内。可见,对于绝大多数地区而言,采取保护主义措施的确有利于当地形成制造业

集聚,从而促进经济增长,这在一定程度上解释了目前存在的市场分割现象的原因。

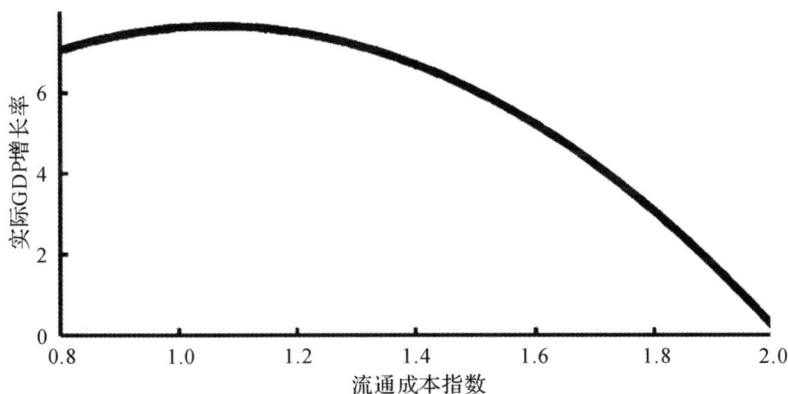

图 7.7　流通成本和地区制造业集聚

但整体区域间流通成本越高,本地消费者被迫消费越多本地制造产品,本地厂商便享有这种高流通成本带来的收益。高流通成本可能来自当地流通产业的相对落后,也可能来自地方政府的保护主义政策。但正如数值模拟和计量结果所显示的,这种优势并不可持续,流通成本的提高将导致本地经济运行成本过高,即使本地形成制造业集聚优势,这种优势也将逐渐消失。这或许是我们应该注意的现象。

表 7.5 中的计量结果(3)显示,制造业的空间溢出效应 Wperind 变量在 1% 的水平上显著,流通成本变量 cost-Ⅰ 在 5% 的水平上显著。但如果考虑时间对变量的影响,计量结果(4)则显示制造业空间溢出效应不显著,并且物价指数影响由正变负。虽然短时期内物价上涨有利于制造业发展,从而体现出保护主义政策的短期效应,但长期内的成本上升会使制造业集聚地区的优势减弱,也就是说,保护主义政策会削弱地区间制造业的正溢出效应。

以上现象既和过去遗留的地方政策有关,也和产业升级转型过程中省际经济分工的重新定位及利益博弈的影响有关。各区域间经济联系在不断加强的同时,也存在个别地区为追求短期利益而采取地方保护政策的现象。我国东部地区的产业升级需要淘汰某些落后的产业、发展流通业以降低经济运行成本。同时，中西部地区的崛起需要引入相应产业，但实际过程必伴随着利益约束，正如数值模拟所显示的"囚徒困境"那样，各地区必将采取行动以减少自身损失或争取利益最大化。可见要促进国内市场的进一步统一，亟须从理性人的角度进行分析，制衡地方政府之间的竞争和合作，合理化解区域间利益冲突。

表 7.6　空间计量 LM 检验

检验	结果
空间滞后 LM 检验	23.2019**
稳健性空间滞后 LM 检验	16.8241**
空间误差 LM 检验	6.4108*
稳健性空间误差 LM 检验	0.0331

注：** 表示在 1% 的水平上显著，* 表示在 5% 的水平上显著。

五、主要分析结论

流通成本变动通常会通过具有外部性的流通网络影响制造业的集聚过程。短期均衡模拟结果表明：中心地区完成初步制造业集聚后，保持经济发展势头的关键之一是降低当地的流通成本以保持集聚优势，外围地区若试图避免被进一步边缘化，同样应抓住中心发展地区的流通运行成本居高不下的机会，及时开放市场以降低本地流通成本；地方政府征收过高的税收并不能获得预期中的财政收益，相反有可能会恶化当地经营环境。从政策或制度来考察中心地区产业空间集聚所产生的收益；一方面，中央政府不能完全以地区经济增长为考核地方政府的政绩标准；另一方面，地方政府不可一味在税收、土地使用和产品流动等领域实施地方保护政策。

长期均衡分析显示，区域间流通成本差异阻碍了资源的最优化配置过程，降低了社会福利水平。实行保护性政策会浪费大量的社会财富。尽管地区保护性政策可以吸引制造厂商的迁入，但并不能使得当地居民的收入增加。保护主义政策有时会导致市场价格体系的扭曲，由保护主义政策形成的资源配置方式是不合理的。就中国的情况而论，无论是发达地区还是不发达地区,放弃地方保护政策,依靠市场力量而非行政手段来降低流通成本,尤其是同时降低区域间运输成本和销售成本,是实现有效率的产业空间集聚的必要途径。这是我们在设计政策和制度时首先要思考与重视的问题。

制造业空间集聚的长期均衡和短期均衡的条件配置是不同的。我们设计政策和制度,要充分考虑长期均衡和短期均衡的配置条件。从理论上来说,地方保护主义政策是关注短期均衡有余而重视长期均衡不足。中心地区制造业空间集聚的长期均衡要求区域间运输成本和销售成本尽可能地下降,高流通成本下产业的对称均衡分布是以地区经济低质量发展为代价的,这种低质量发展使福利水平相对于低流通成本环境要低得多。基于这样的理解,地方政府要高度重视并充分利用流通渠道对稀缺资源的整合功能,要通过各种政策或制度让制造业的空间集聚适应流通成本变动的网络外部性规定。政策或制度设计的原则和指导思想是克服地方保护主义,具体操作思路是在税收优惠、土地使用和商品流转等方面,规划和编制出降低区域间运输成本和销售成本的可操作性措施,从而使政策或制度能够反映流通成本变动与制造业空间集聚的相关性。

计量结果显示:①地区制造业发展水平与流通成本存在倒 U 形曲线关系,采取保护主义政策可获得短期利益,但将面临未来区域间整体流通成本升高和经济溢出效应减弱的后果;处于强激励下的地方政府可能为短期利益而选择保护主义政策,但这样会导致政策博弈走向人人受损的囚徒困境,最终拖慢整体发展速度。②区域间制造业空间正溢出效应和流通成本差异都较为明显,国内市场同时存在着一体化和反一体化两种演化趋势,其根源是产业升级转型过程中的省际经济分工角色的重新定位和利益博弈。国内统一市场的形成需要制衡地方政府之间的竞争,以化解区域间的政策博弈。③我国东部地区流通成本过高是促使制造业向中部地区转移的重要原因,中部的地方政府优惠政策和相对低廉的要素价格优势使得包括流通成本在内的经济运行成本较低。这种情况导致了国内市场分割出现加剧的趋势。要改变以上情况,中央政府要运用宏观调控政策对地方政府保护主义有所遏制,需要从产业政策、财政政策和货币政策等方面编制出适合于制造业空间集聚的手段与措施。

流通成本变动与制造业空间集聚问题涉及市场和政策两个层面,依据"双边市场"理论和"中心-外围"模型,对流通成本变动影响制造业空间集聚的分析是运用相对价格法测算区域间的流通成本指标的一种模拟研究,这一研究的计量结果支持对地方保护政策的批评。中国制造业转型升级中的地方保护政策是很复杂的,导致这种复杂局面的既有地方政府的"理性经济人"因素,也有中央政府宏观政策疏漏的因素,尤其是在财政分权和官员晋升的现行制度下,地方保护主义往往会成为地方政府淡化市场机制的理性选择。显然,从模拟研究走向实际研究,更需要对市场和政策两个层面上的流通成本变动与制造业空间集聚问题进行研究。它是一个值得我们长期思考的课题。

第八章
产业同构效应对流通成本变动的影响机制

产业空间选择与流通成本的相关性是空间经济学的经典话题,克鲁格曼针对产业的空间集聚提出"核心-边缘"模型,从理论和实证两个维度论证流通成本对产业空间选址的影响。

现实问题是,随着产业层面的垂直分工向水平分工演进,地区间产业结构的同质化导致地区间产品结构缺乏竞争力和企业间的恶性竞争,并对商品贸易自由化产生深远的影响。经济学范式中,产业同构指的是区域经济发展进程中,不同区域之间或者同一区域内不同地区之间出现产业结构相同或类似的情况。主流经济学对地区间产业同构水平的测度方法有产业结构相似指数法、产业分工指数法、结构差异度指数法、区位熵法和结构差异度指数法等,这些方法从区域要素禀赋、经济发展阶段以及政府行为等方面探讨地区间产业同构的形成原因。

由于在产业同构的成因和测度方法上存在分歧,学术界对产业同构的价值判断有一定的争议。一部分学者对产业同构现象持乐观态度,认为从区域发展角度看,当某些省份在区位优势、经济、资源禀赋以及文化上具有相似性时,易于形成地区产业同构,通过"学习效应"形成经济外部性,降低企业之间的交易成本,对市场一体化发展起到了促进作用,即合意性效应。另一部分学者对产业同构现象持悲观态度,认为产业同构不利于形成优势特色产业。产业同构程度过高不但会造成地区间的重复建设而阻碍制造业高级化，还会强化地方保护主义，形成"重复建设—产业同构—恶性竞争—地方保护"的恶性循环，严重阻碍地区间商品和要素的自由流动，滞缓市场一体化进程和制约地区间流通成本的下降，即非合意性效应。

不论是产业同构的合意性效应还是非合意性效应，都会对地区间的贸易流通产生一定的影响。流通成本过高的问题在 2012 年被中央政府强调，在产能过剩和消费内需不旺的现实下，流通成本问题已经成为关系到我国经济发展方式转变、产业结构调整和现代服务业发展的重要论题。其一，合意性产业同构的发展深化了专业化分工，市场中的特定交易行为逐渐由个别厂商承担演化形成专门从事某种交易行为的流通产业；其二，流通产业专业化推动流通厂商货架资源的高效配置和利用，提高了交易双方的交易效率，扩大了市场规模，地区间流通成本的变动使得要素成本差异和技术差异将在很大程度上决定地区的产业结构；其三，地方政府官员为保证本地财政收入最大化，在晋升激励下对本地市场进行保护，使得地区产业布局与产业发展在一定程度上偏离社会劳动地域分工规律，产生的制度性产业同构会导致区域经济过度同质竞争以及地区间市场分割。

据此，本章拟研究三个问题：①产业同构的合意性效应与非合意性效应对地区间流通成本变动的作用机制通过什么路径加以验证？②地区间流通成本指数以什么合适的方法进行测度才能较为准确地刻画其变动趋势？③地区间产业同构水平与流通成本变动的相关性是线性的还是非线性的？厘清这些问题或许能够为降低流通成本找到新的路径，从而对如何实现产业结构的转型与升级以及解决区域性产业同构的问题给予经济解释。

一、产业同构效应的理论分析

基于新经济地理学框架，本章从两个方面展开理论分析：一是产业同构在合意性范围内对流通成本的影响；二是产业同构水平超出合意性范围的非合意性效应对地区间流通成本的影响。

（一）合意性产业同构对流通成本变动的影响机制

"核心-边缘"模型试图回答的基本问题是:集聚力与分散力的相对强弱如何决定制造业长期稳定的空间均衡模式? 其中,集聚力包含本地市场效应和生活成本效应。本地市场效应是指在其他条件相同的情况下,由于企业的营业利润与销售额成正比,任何企业都会选择市场规模大的区位进行生产,而这进一步激励了劳动力向人口规模更大的地区转移,由此形成正反馈的累积循环机制促进了产业的地理集聚。生活成本效应是指企业的集中对当地居民生活成本的影响,当制造业产品从出厂到消费者手中所需要的商品价格降低,产业集聚区工人的实际工资高于非产业集聚区工人的工资,非产业集聚区的工人受实际高工资诱惑而向产业集聚区内迁移,促进产业地理集聚。分散力包含市场拥挤效应,指的是企业生产集中区位导致的激烈竞争将限制企业的获利能力,促使企业倾向布局在市场竞争程度较低的区位。图 8.1 显示了集聚力与分散力的关系。

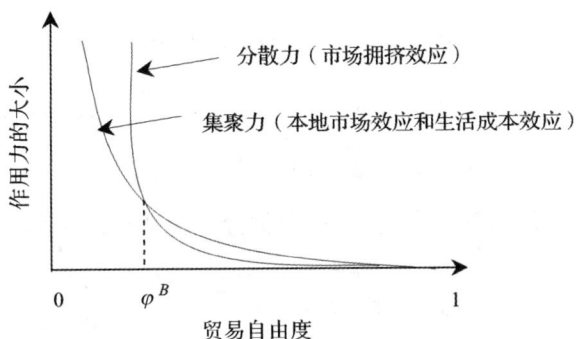

图 8.1　集聚力与分散力的关系

由图 8.1 可见,集聚力和分散力均随着贸易自由度的提高而减小。假设有 A 和 B 两个区域,当 A 地内部产业同构水平较高时,A 和 B 两个区域的产品类似且可以自给自足,地区间的贸易往来少则贸易自由度较低(设为 φ^d),此时产业同构不能是合意的。而当 A 地贸易自由度上升时,意味着将削弱 A 地和 B 地企业对本市场的依赖,A 地支出从依赖 A 地产品种类转向 B 地,B 地支出从依赖 B 地产品种类转向 A 地,该两种力量将削弱 A 和 B 两地的本地企业竞争,从而使得集聚力降低。A、

B 市场支出的转移也将降低对均衡的破坏程度,削弱本地市场效应。人口转移将扩大实际工资差异,从而破坏均衡,生活成本效应随贸易自由度的提高而减弱。换言之,产业同构水平在一个合意的范围内,贸易自由度上升使得分散力与集聚力随之减弱,且分散力的减弱速度大于集聚力。在临界点 φ^B 之前的阶段,集聚力小于分散力;在临界点 φ^B 之后的阶段,集聚力将超过分散力,该临界点称为突破点(图 8.2)。

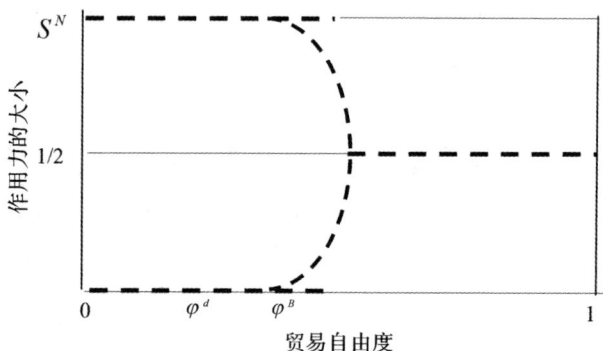

图 8.2　作用力分析的滚摆图解

进一步分析贸易自由度是如何决定基本模型动态行为的临界点,这涉及对称均衡稳定性被破坏的突破点的贸易自由度 φ^B。"核心-边缘"结构保持稳定的持续点的贸易自由度为 φ^d,对称分布长期均衡状态的突破点为[1]

$$\frac{\partial w}{w}\bigg|_{\text{sym}} = \frac{(1+\varphi)^2}{4\sigma\varphi+(1-\varphi)^2}\left[\frac{2(1-\varphi)}{(1+\varphi)}\partial S_E - \frac{2(1-\varphi)^2}{(1+\varphi)^2}\partial S_n\right] - \frac{\partial p}{p} \quad (8.1)$$

(8.1)式表明,B 地在对称结构中的实际工资变化受三种作用力影响,第一种是本地市场效应,第二种是市场拥挤效应,第三种是价格指数效应,三者共同决定对称均衡点的稳定性。其突破点贸易自由度 φ^B 和持续点贸易自由度 φ^d 的表达式为

$$\varphi^B = \frac{(1-a\sigma)(1-\mu)}{(1+a\sigma)(1+\mu)}; (\varphi^S)^{a\sigma}\left(\varphi^S\frac{1+\mu}{2}+\frac{1-\mu}{2\varphi^S}\right)=1 \quad (8.2)$$

根据突破点和持续点的贸易自由度表达式,非"黑洞"前提条件即

---

[1]　安虎森:《空间经济学原理》,北京:经济科学出版社,2005 年。

$a\sigma<1$。当地区间产业同构水平超出合意的范围,两个区域没有发生贸易往来,都处于自给自足的状态;两个地区的产业份额分别占全部产业份额的一半,此时贸易自由度 $\varphi<\varphi^{d}$,对称结构是稳定的。当 $\varphi^{d}<\varphi<\varphi^{s}$ 时,对称结构和"核心-边缘"结构都为稳态。产业同构水平较低时,贸易自由度较高,$\varphi>\varphi^{s}$,"核心-边缘"结构是稳定的;如果存在"黑洞"条件,则"中心-外围"结构在任何贸易自由度下都是稳定的。据此,本书得出以下假说:当地区间产业同构水平较低时,消费多样性促使地区间贸易自由度提高。当贸易自由度超过临界点,集聚力大于分散力,本地市场效应和生活成本效应所决定的集聚力具有循环累积的因果效应,外界的任何冲击都会强化制造业企业和工人向一个区域聚集,市场规模扩大将进一步导致工业向该地区集中。

产业集聚将对该集聚地区流通供给能力提出更高的要求,这种能力直接影响流通成本的变动,而流通成本与流通供给能力之间的关系可以基于替代效应和收入效应来进行研究。在图 8.3 中,Q_{2} 为产业集聚情况下的流通可能性曲线,它表示的是一组等流通供给能力曲线的包络线,这条曲线向右反映流通产业运作效率较高。L_{3} 反映的是流通产业的流通效率与流通成本的相对价格之比,在制造业分散的情况下,Q_{2} 与 L_{3} 相切于 A_{3},此时的流通成本和流通供给能力分别为 X_{3}、Y_{3}。

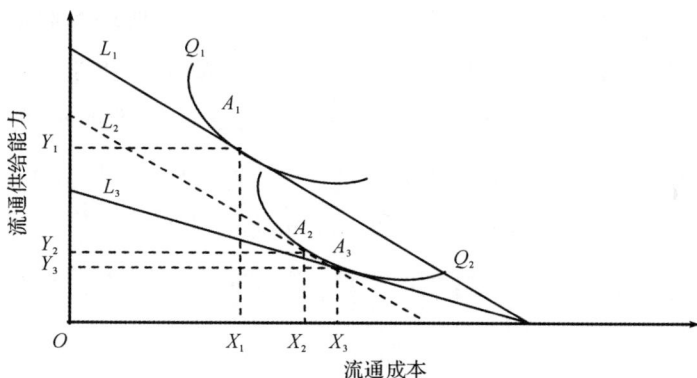

图 8.3　产业集聚对流通成本的影响[①]

① 图片来源:程艳、徐婷艳、于兴旺:《流通成本变动与制造业空间集聚机制——基于全国面板数据的经验实证分析》,《财经论丛》2016 年第 3 期。

当产业集聚现象出现时,原先的流通供给能力在短期内不能迅速根据市场需求进行调整,无法满足流通需求。在 A_2 处提供 Y_2 的流通供给量,X_2 和 Y_2 的交点偏离了流通产业效用最大化的最优点,这将促使流通企业增加投资来提高流通供给能力。Q_1 是流通产业运作效率提高后的曲线,它意味着流通供给能力将提高,L_3 将转变为 L_1。切点 A_1 是产业集聚情况下流通产业效用最大化的最优点,流通成本为 X_1,小于非集聚状态下的 X_2 及非最优状态下的 X_3,即产业同构水平弱化带来的产业集聚会促进流通供给能力提高,同时降低流通成本。

(二)非合意性产业同构对流通成本变动的影响机制

已有研究表明,产业同构与地区行政垄断之间存在着较明显的正相关关系,即产业同构程度越高,地区行政垄断水平越高。那么,产业结构是如何在行政地区垄断之下形成市场分割,从而对地区间流通成本产生显著影响的? 本章将构建如下的模型来加以阐释。

假设:甲和乙两个地区的产业同构为非合意的,两地市场相互分割;甲、乙两地的产业都是 A 和 B。甲地 A 产业的单位生产成本为 m,乙地 A 产业的单位成本为 $m+q$;甲地 B 产业的单位成本为 $n+p$,乙地 B 产业的单位成本为 n。按照国家的统一规定,出售 A 产品和 B 产品每单位价格的纳税率分别是 e、$e+c(c>0)$。由此,甲、乙两地地方政府为了本行政区域内财政收入最大化,应当使 A 产业产量和 B 产业产量接近本地区市场的自由种植量,只有这样才能够使得 A、B 产业的利润最大。

不妨设产品的单位市场需求函数为:$P=a-bx(a>0,b>0)$,甲、乙两地的 A 产业的产量分别为 x_1 和 x_2。由于产品的单位需求函数中的 P 表示价格,因而甲、乙两地的 A 产品的社会收益 TR_s 和边际社会收益 MR_s 分别为

$$TR_s(甲)=P \cdot x_1=(a-bx_1)x_1 ; MR_s(甲)=TR_s(甲)'=a-2bx_1$$

$$(8.3)$$

$$TR_s(乙)=P \cdot x_2=(a-bx_2)x_2 ; MR_s(乙)=TR_s(乙)'=a-2bx_2$$

$$(8.4)$$

因为甲、乙两地生产每一单位 A 的成本分别是 m、$m+q$，于是两地的社会成本 TC_s 和边际社会成本 MC_s 如下

$$TC_s(甲) = m \cdot x_1 ; MC_s(甲) = TC_s(甲)' = m \qquad (8.5)$$

$$TC_s(乙) = (m+q) \cdot x_1 ; MC_s(乙) = TC_s(乙)' = m+q \qquad (8.6)$$

根据社会成本等于边际收益时利润最大的基本原理，解出甲、乙两地 A 产业的最大产量分别是：

$$x_1 = \frac{a-m}{2b} ; x_2 = \frac{a-m-q}{2b} \qquad (8.7)$$

甲、乙两地 A 产业产量是在两地市场相互分割的条件下，由甲、乙两地共同构成的整个市场的最优需求量，即 $\frac{2a-2m-q}{2b}$。在这一既定的市场最优需求量的规制下，如果甲、乙两地的 A 产品市场是对彼此开放的，因为甲地的价格是 $\frac{a+m}{2}$，乙地是 $\frac{a+m+q}{2}$，甲地明显在市场竞争中比乙地要占优势。最后，经过竞争的市场的价格为 $\frac{a+m}{2}$。为了利润最大化，乙地种植量必须增加到 $\frac{a-m}{2b}$，这样就导致了乙地的 A 产品产量超过了原来的最优产量，亏损 $\frac{q^2}{4b}$。相对应地，甲地地方政府的财政收入也就减少了 $\frac{q^2 e}{4b}$。

因此，乙地 A 产业和地方政府就有着强烈的不开放市场的需求。同理，对于 B 产业市场而言，甲地不会对乙地开放。于是出现了这样的局面：甲地开放 A 产业市场，不开放 B 产业市场；乙地开放 B 产业市场，不开放 A 产业市场。这样的开放格局，市场并没有得到真正的开放。因为若市场得到了真正的开放，会在短期内损害甲、乙两地的地方政府利益和在竞争中处于劣势的企业的利益。据此，我们不难得出这样的结论：当产业同构水平较高时，地方政府在竞争中为了保护本地的产业，极有可能为了本地区利益最大化而采取行政权力限制或禁止外地优势产品进入本地市场，从而出现了行政地区垄断的现象。也就是说，产业同

构水平较高会产生地方保护主义和行政地区垄断等非合意性效应。而地方政府为了保护在竞争中处于劣势的产业,滥用行政权力限制竞争,催生出的行政地区垄断就如同边界的存在,像一堵无形的高墙阻碍要素跨区域的高效流动,对跨边界的社会、经济行为产生影响。此时边界效应明显,增加了区域之间的边界厚度,阻碍了省际贸易合作,这些都为省际商品流通增加了无形的贸易距离,大大增加省际流通成本。

二、省际流通成本的测度与分析

本章尝试探究地区间产业同构效应对流通成本的影响,然而流通成本的概念在学术界尚没有一个统一的界定。为此,我们对流通成本、交易成本以及贸易成本这些相似概念做一个比较,有助于进一步辨析流通成本概念,如表 8.1 所示。

表 8.1　流通成本相关概念比较辨析

辨析层面	流通成本	交易成本	贸易成本
理论	马克思主义经济学	新制度经济学	国际贸易理论
内容	从生产领域到消费领域的运动过程中发生的劳动消耗的货币表现	交易成本起因于所有权的转移,或更一般地说,起因于财产所有权的转移	国际贸易成本是指为完成国家(地区)之间的、劳务交换活动而需要支付的其他成本或费用
构成	生产性流通成本:运输费、保管费、包装和加工等。纯粹流通成本:簿记费、商业人员工资、资金使用费等	包括搜寻信息的费用、达成合同的费用、签订合同的费用、监督合同履行的费用和违约后寻求赔偿的费用	包括运输成本、政策壁垒(关税和非关税壁垒)成本、合同执行成本、不同货币兑换成本、批发和零售的配送成本、语言壁垒及信息成本等

本书所使用的流通成本的定义将沿用贸易成本的基本含义。从流通(或贸易)的环节来看,流通成本和贸易成本都包括搜寻、签约、运输、仓储、批发、零售;从内容来看,两者都包括由流通直接引起或由流通派生并直接为其服务的商流、物流、信息流和资金流所产生的成本;从市场来看,贸易成本分为国内贸易成本和国际贸易成本。需要说明的是,现

有文献中较少使用流通成本这一概念去研究国际流通,因此本书的流通成本的概念沿用国内贸易成本的基本界定。

　　国内研究省际流通成本的测度方法主要包括相对价格法以及贸易流量法。相对价格法是以"一价定律"和冰山成本模型为理论基础,国内外研究多应用相对价格法对市场一体化程度进行测算,也有不少学者用此方法对省际流通成本进行测度。虽然本地的非贸易成本和零售市场定价对地区间价格差异会具有一定的解释力,但厂商动态定价策略、批发定价以及零售利润的变化对于地区间产品价格差异也会产生影响。因此,布罗达和温斯坦认为采用相对价格指数的测度方法会导致样本选择偏误和加总偏误。进一步的解释有:即使流通成本较低,市场分割现象仍然会导致一价定律偏差;当流通成本较高,致使两地市场分割严重时,价格差异与流通成本的关系也会发生变化。因此,使用价格差异推断地区间的贸易成本需要满足市场一体化的前提条件。

　　贸易流量法是以实际发生的贸易流来"事后"推算贸易成本的方法。诺维在测度贸易成本时改进了引力模型,这一方法基于比较优势理论和新贸易理论对双边贸易成本的对称性问题给出了合理的解决办法。本书采用诺维所改进的引力模型来测度中国省际流通成本指数,测度公式为

$$\tau_{ij} = \left(\frac{x_{ii} x_{jj}}{x_{ij} x_{ji}} \right)^{1/2(\sigma-1)} - 1 \, 。$$

其中,τ_{ij} 衡量了双边贸易成本相对于国内贸易成本的大小,x_{ij} 代表地区 i 向地区 j 的贸易流量,σ 为产品之间的替代弹性($\sigma > 1$)。部分研究利用地区投入产出表、增值税专用发票汇总以及直接利用铁路货运数据作为计算流通成本的数据,却难以考察任意两个省份间的流通成本,因此我们采用《中国交通年鉴》中 2000—2016 年 28 个省份的"中国铁路行政区域间货物交流统计"以及"分地区货运量"数据,剔除了铁路运输不发达的西藏、新疆和海南,计算出其他各省省际公路运输贸易、水运贸易以及货物贸易的货运交流数据,从而得出总的省际贸易流量,

如图 8.4 所示。

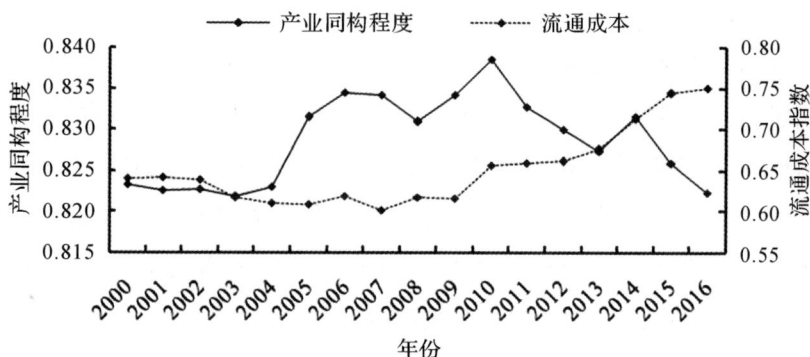

图 8.4　全国范围内流通成本与产业同构水平的变动趋势比较

三、产业同构程度与省际流通成本变动趋势的比较分析

图 8.4 反映全国各地区间产业同构水平的平均值总体是呈现先上升后下降趋势，符合周国富等利用结构相似系数的测度方法得出的结论，即中国各省份之间的产业同构呈现先强后弱的趋势。流通成本指标从 2000 年的 0.65 下降至 2007 年的 0.60，下降平缓；到 2016 年上升至 0.75，呈现一个 U 形的趋势。这表明中国在 2001 年加入世界贸易组织后，不但降低了国际贸易成本，而且在一定程度上促进了省际流通成本指数下降。需要指出的是，2008 年爆发全球性的金融危机后，全国流通成本呈现上升趋势。

为更加清晰地考察省际流通成本变动的差异，本章将 28 个省份按照最新的全国省份人均 GDP 排名分成经济发展水平较高（排名前 14 名）和经济发展水平较低（排名后 14 名）的区域，比较分析区域内各省份之间流通成本的平均值与各省份之间产业同构程度的平均值在 2000—2016 年之间的变动趋势，如图 8.5 与图 8.6 所示。研究发现，不管是从全国来看还是分区域看，2000—2005 年地区间的产业同构水平在全部考察年份中处于较低水平，此后呈现大幅度上升趋势，但地区间流通成本都呈现下降趋势。2006—2011 年地区间的产业同构水平在全部考察年份中处于高水平，而此时地区间流通成本也呈现上升趋势。在

2014—2016 年,地区间的产业同构水平又处于较低水平,呈现大幅度下降趋势,而地区间流通成本却呈现大幅度上升趋势。产业同构水平降低与流通成本提高趋势之间的机制有哪些经济学解释,需要我们做进一步的实证分析。

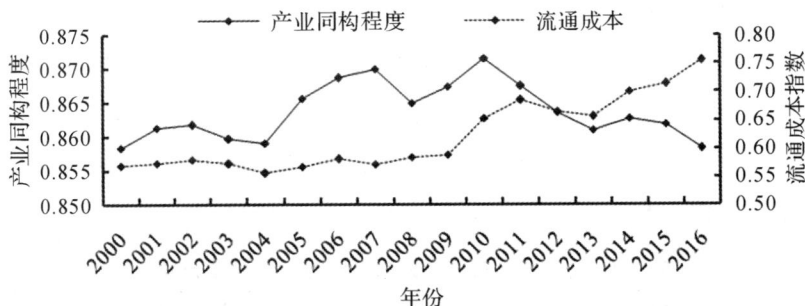

图 8.5　经济发展水平较高地区内流通成本与产业同构水平的变动趋势

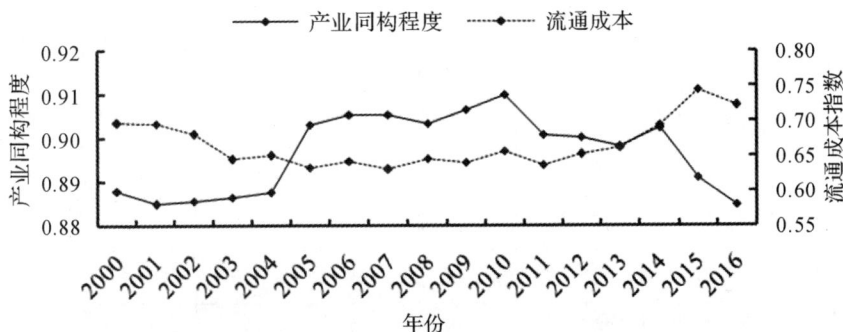

图 8.6　经济发展水平较低地区内流通成本与产业同构水平的变动趋势

四、产业同构效应对省际流通成本影响的实证分析

(一)空间相关性检验

在确定是否使用空间计量方法之前,我们需要考虑数据是否存在空间相关性:如果不存在,使用普通的计量方法即可;如果存在,则使用空间计量方法。现有研究在考察地区之间流通成本变动时,在传统引力模型的基础上开始关注地区间流量的空间相关性,使用较多的是"莫兰指数"。

表 8.2 为考虑 W_0 空间权重矩阵下历年省际流通成本指数的莫兰

指数及检验值。莫兰指数 I 的取值范围为 $-1 \leqslant I \leqslant 1$:当 I 接近 1 时,表示地区间观测值呈现空间正相关,即高值与高值相邻,低值与低值相邻;接近 -1 表示地区间观测值呈现空间负相关,即高值与低值相邻;接近 0 表示地区间观测值不存在空间相关性。在全样本中,考虑空间权重矩阵时,省际商品流通成本显示出较强的空间正相关性,且都至少在 1% 水平上显著。所以可以得出结论:考虑来源地到目的地的空间权重矩阵时,从某一来源地到某一目的地的商品流通成本会随着其邻近来源地到邻近目的地的商品流通成本的提高或降低而同向变动,根据探索性数据分析,我们初步断定省际流通成本存在空间相互作用。

表 8.2　历年省际流通成本指数的莫兰指数及检验值

年份	莫兰指数	Z 统计量	P 值	年份	莫兰指数	Z 统计量	P 值
2000	0.595	26.310	0.000	2009	0.587	25.973	0.000
2001	0.613	27.097	0.000	2010	0.571	25.272	0.000
2002	0.611	27.036	0.000	2011	0.570	25.198	0.000
2003	0.599	26.479	0.000	2012	0.565	24.983	0.000
2004	0.598	26.444	0.000	2013	0.444	19.784	0.000
2005	0.585	25.879	0.000	2014	0.482	21.309	0.000
2006	0.580	25.658	0.000	2015	0.527	23.304	0.000
2007	0.594	26.261	0.000	2016	0.482	21.308	0.000
2008	0.589	26.023	0.000				

(二)计量模型与实证方法的设定

引力模型是研究国家间贸易成本以及国内地区间流通成本的传统方法,但其忽略了空间相关性,违背了经典计量经济模型估计的假设。例如,地区间流通成本会随着该地区邻近地区与同一汇地的流通成本的升高或降低而同向变动,或随该地区汇地邻近地区与该地区的流通成本的变化而同向变化。以往引力模型都潜在地认为地区间的贸易流是相互独立的,似乎设想只要保证省际距离不变,每个省份的空间位置可以忽略,从而会带来错误的假设检验结论。格里菲思指出距离变量不能够捕捉到地区间贸易流在空间上存在依赖性,行伟波等通过控制 GDP 加权距离和省份相邻等单一变量来淡化这种空间相关性。尽管意识到贸易流量的空间异质性和相关性,但由于计量方法上的限制,研究结论的可信度会受到很大限制。随着空间计量经济学的发展,其中的空间计量交互模型能够很好地解决前述的不足。

据空间相关性检验,流通成本的变动效应具有空间相关性,基于区际流量数据的空间互动特征,影响地区间流量数据的因素分为三个方面:一是源地的特征因素,二是汇地的特征因素,三是源汇地之间的距离。基于空间计量经济建模原理,空间计量交互模型的一般形式为:

$$F_{ij} = \alpha + \rho \text{Slag}(F_{ij}) + \sum_{q \in Q} \beta^q A_i^q + \sum_{r \in R} r^r B_j^r + \theta d_{ij} + \mu_{ij} \quad (8.8)$$

$$\mu_{ij} = \lambda \cdot \text{Slag}(\mu_{ij}) + \varepsilon_{ij} \quad (8.9)$$

其中,F_{ij} 为地区间流通成本,$A_i^q (q \in Q)$ 和 $B_j^r (r \in R)$ 分别表示度量来源地 i 和目的地 j 特征属性的变量集,指数 $\beta^q (q \in Q)$ 和 $r^r (r \in R)$ 为待估计的参数。d_{ij} 为 i 和 j 之间的距离,θ 为距离效应系数。μ_{ij} 为具有空间自回归特征的误差项,$\text{Slag}(F_{ij})$、$\text{Slag}(\mu_{ij})$ 分别为因变量和误差项的空间滞后项,基于空间权重矩阵与对应的因变量或误差向量相乘得来。λ、ρ 为空间自回归系数。根据探索性空间分析,初步断定存在空间依赖效应。又因为在理论机制中我们发现流通成本对产业同构水平也具有一定的作用,因此模型必须考虑被解释变量和解释变量之间的内生交互效应。通过借鉴勒萨势的研究方法及模型,我们采用空间自相关模型(SAR),并纳入自变量的空间滞后项。此外,为了检验产业同构水平与流通成本具有非线性相关,模型中纳入了产业结构差异的一次项与二次项。遵循常用的做法,按照奎因(Queen)相邻原则设定空间权重矩阵,最终我们建立如下空间计量交互模型进行实证检验:

$$Y_{ij,t} = c + \rho W Y_{ij,t} + \gamma_1 \text{conv}_{ij,t-1} + \gamma_2 \text{conv}_{ij,t-1}^2 + \alpha_1 \text{ownership}_{i,t} +$$
$$\alpha_2 \text{infra}_{i,t} + \alpha_3 \text{indust}_{i,t} + \alpha_4 \text{scale}_{i,t} + \alpha_5 \text{inf}_{i,t} +$$
$$\beta_1 \text{ownership}_{j,t} + \beta_2 \text{infra}_{j,t} + \beta_3 \text{indust}_{j,t} + \beta_4 \text{scale}_{j,t} +$$
$$\beta_5 \text{inf}_{j,t} + \gamma_3 \text{gd}_{ij,t} + \gamma_4 \text{ed}_{ij,t} + \mu_{ij,t} \quad (8.10)$$
$$u_{ij,t} = \lambda W u_{ij,t} + \varepsilon_{ij,t} \quad (8.11)$$

模型中变量说明如表 8.3 所示,数据来源为相应年份的《中国统计年鉴》、《中国工业经济统计年鉴》和《中国交通年鉴》。

表 8.3　研究变量说明

变量符号	变量释义	计算方式
$Y_{ij,t}$	第 t 年省份 i 到省份 j 间的流通成本	见上文
$\text{conv}_{ij,t}$	第 t 年省份 i 与省份 j 产业结构差异度	改进的克鲁格曼指数
$\text{infra}_{i,j,t}$	第 t 年源地 i(汇地 j)的交通基础设施	各省份的公路里程、水路里程与铁路里程之和除以面积的比值
$\text{indust}_{i,j,t}$	第 t 年源地 i(汇地 j)的工业化程度	工业增加值在工业总产值所占比重
$\text{scale}_{i,j,t}$	第 t 年源地 i(汇地 j)的流通规模	批零合计销售额在省份 GDP 中的占比
$\text{inf}_{i,j,t}$	第 t 年源地 i(汇地 j)的信息化水平	人均互联网宽带接入端口数
$\text{ownership}_{i,j,t}$	第 t 年源地 i(汇地 j)的地方保护程度	国有企业产值在工业总产值的占比
$\text{gd}_{ij,t}$	第 t 年省份 i 与省份 j 间的空间距离	两省份省会之间的直线距离
$\text{ed}_{ij,t}$	第 t 年省份 i 与省份 j 间经济发展水平的差距	两省份的人均 GDP 之差

(三)实证结果分析

表 8.4 为参数估计结果,我们通过普通面板模型和空间计量交互模型探究影响省际流通成本变动的因素以及程度,特别是省际产业同构程度对省际流通成本的作用是否符合前文中理论分析的结果。本章中,普通面板模型的 Hausman 检验在 $P<0.01$ 的水平下拒绝了固定效应的原假设,因此普通面板模型选择随机效应进行估计。在估计方法上,普

通面板模型的随机效应 FGLS 与随机效应 MLE 在系数估计值上有所
不同,但是在性质上依然类似。考虑到拟合优度,我们对普通面板模型
采取 MLE 估计。在空间面板模型计量中,我们在源地相邻和汇地相邻
这两个空间权重矩阵下分别对模型进行系数估计。由于所用 Stata 软
件的局限性,空间计量交互模型只能选择在固定效应下进行系数估计。

表 8.4　参数估计结果

变量	普通面板模型	空间计量交互模型	
	随机效应	源地相邻权重矩阵	汇地相邻权重矩阵
产业差异度	−0.160*** (0.143)	0.127*** (0.075)	0.126*** (0.074)
产业差异度平方	−1.634*** (0.378)	−1.689*** (0.198)	−1.623*** (0.197)
源地地方保护主义	0.086*** (0.023)	0.059*** (0.011)	0.194*** (0.048)
源地工业化程度	−0.086 (0.063)	0.159*** (0.026)	−0.131 (0.115)
源地交通基础设施	0.038** (0.021)	−0.057*** (0.019)	0.153** (0.060)
源地流通产业规模	0.151* (0.093)	0.213*** (0.039)	0.469*** (0.141)
源地信息化水平	0.124** (0.051)	0.340*** (0.028)	0.105** (0.043)
汇地地方保护主义	0.080*** (0.024)	0.184*** (0.048)	0.058*** (0.011)
汇地流通产业规模	0.144 (0.092)	0.432*** (0.137)	0.210*** (0.039)
汇地信息化水平	0.128** (0.052)	0.115*** (0.042)	0.350*** (0.028)
经济距离	0.0001 (0.000)	0.0001** (0.000)	0.0001** (0.000)

续表

变量	普通面板模型	空间计量交互模型	
	随机效应	源地相邻权重矩阵	汇地相邻权重矩阵
空间距离	0.0003*** (0.000)		
常数项	−0.594*** (0.048)		
λ		0.781*** (0.008)	0.780*** (0.008)
ρ	0.677	−0.721*** (0.020)	−0.705*** (0.021)
R^2	0.436	0.313	0.311
样本量	13328	13328	13328

注：括号内为回归系数的标准误，***、**、*分别为1%、5%和10%的显著性水平。

表8.4显示：①从普通面板模型回归系数来看，衡量省际产业同构程度的产业差异度的估计系数显著为负，表明地区省际产业同构程度越高，该地区和与其进行贸易的省份之间的商品流通成本越高，但是该结果与空间计量模型的估计结果有较大差异。②从空间计量交互模型的估计结果来看，在源地相邻和目的地相邻的权重矩阵下，被解释变量和误差项的空间自回归系数ρ、λ都高度显著，可以得出省际流通成本在商品贸易过程中受到邻近省份的影响作用显著。③在源地相邻的情况下，被解释变量的空间效应系数ρ为负值，误差项的空间效应系数λ为正值，ρ的绝对值小于λ的绝对值，说明在相同汇地j的情况下，相邻的源地A和B彼此具有相似的地区特征，当A地与汇地j的商品流通成本升高或降低时，B地与汇地j的商品流通成本也会随之升高或降低。因为遗漏变量的作用含于误差项中，则其所产生的空间相关性通过λ来表现（正相关）。④在市场竞争作用下，当源地A与汇地j的商品流通成本过高导致商品价格上涨时，汇地j为降低成本也会寻找流通成本较低的B地进行商品贸易，产生的空间相关性通过ρ来表现（负相关）。由于

ρ 的绝对值小于 λ 的绝对值,两种效应加总后,莫兰指数还是显著为正。汇地相邻的情况与源地相邻的情况一致,可参考源地相邻的解释进行阐述,不予赘述。

从表 8.4 的空间计量交互模型的估计结果可以发现,核心解释变量省际产业结构差异度的估计系数均在 1% 水平上显著正相关,而其平方项的估计系数在 1% 水平上显著负相关,说明产业结构差异度提高时,流通成本显现先上升后下降的趋势。换言之,当地区间产业同构程度升高时,省际流通成本变动呈现先下降后上升的趋势,两者为 U 形关系。结合前文理论分析得到如下结论:

第一,当省际产业同构程度较低,在合意性范围内上升时,对降低省际流通成本具有促进作用;当其超过合意性范围呈现非合意性时,产业同构程度提高对流通成本的升高具有较强的影响。在源地与汇地及其相邻地区都进行商品流通时,源地的工业化水平提高,会促进源地与汇地之间的流通成本降低,源地与汇地相邻地区间的流通成本也随之降低。但交通基础设施水平提高,会促进源地与汇地之间的流通成本上升。当源地及其相邻地区都与同一汇地进行商品流通时,源地的工业化水平提高会使得源汇地之间的流通成本升高,但其交通基础设施水平提高,会使得源汇地之间的流通成本下降。

第二,控制变量中的流通产业规模和信息技术水平,无论是源地还是汇地,其估计系数在源地相邻权重矩阵和汇地相邻权重矩阵中都呈现正值且显著,并且对省际商品流通成本影响相对较强,说明地区的流通产业规模越大,信息技术水平越高,该地区与其他地区的商品流通成本越高,这一估计结果可能是因为流通规模扩大比市场有效需求增加的速度快,批发商与零售商因产能过剩而造成超额供给,此时流通环节非但难以实现规模经济,反而造成流通效率的损失。

第三,信息化水平的提高固然减少了空间距离对交易的影响,降低了买卖双方的搜寻成本,使得生产环节与消费环节在供需、信息上的匹配更为迅速和便利。然而,信息化的优点在被过度放大的同时,信息化过程中所潜藏的威胁却容易被忽视。因为信息化水平的提高会增加商流与物流之间的时间间隔,形成生产、流通、消费环节之间的交易风险,降低了流通环节接触的生产者与消费者的可能数量,流通效率的提升可能会受到制约。因此,流通产业规模扩大和信息技术水平提高没有对降低商品流通成本产生正向作用。

(四)研究结论的政策含义

本章基于分工理论、外部性理论以及新经济地理学理论,探讨了地区间产业同构水平对流通成本变动的作用机制,发现从全国范围看,流通成本在2000—2016年呈现U形的变动趋势,省际流通成本存在邻近性以及空间相关性。实证结论说明,地区间产业同构在合意性范围内能够促进地区的产业集聚,但同时对流通供给能力提出更高的要求。地方保护主义致使地区间的产业同构超出合意性范围,呈现的非合意性产业同构会阻碍地区市场一体化形成,形成的无形贸易距离会大大提升省际流通成本。因此,结合中国的实际情况,我们得出如下结论:当地区间产业同构程度变高时,省际流通成本呈现先下降后上升的U形变化,即当省际产业同构程度在合意性范围内上升时,对降低省际流通成本具有促进作用,当其超过合意性范围而呈现非合意性时,产业同构程度提高对省际商品流通成本的升高具有较强的影响。为引导地区间的产业结构实现优化升级以及地区专业化水平的提升,从而降低省际流通成本,地方政府需要在设计科学和合理的产业政策时考虑以下几点。

第一,欠发达地区地方政府需要考虑将产业竞争优势转变成产业分工优势,积极引导产业结构的优化升级以配合现代流通机制。由于中央和地方政府采取的产业政策对各地区经济发展的影响效果有着巨大的差别,东部发达地区改革开放早期时曾经历过这方面教训,欠发达地区需要充分考察本地的竞争优势以及自身的发展形态来编制和实施产业政策。需要强调的是,政府不应该过度干预市场,而应逐步建立适合本地区的产业分工体系,以促进产业结构向合理化和高级化发展。

第二,地方政府对城市的通信、交通基础设施的合理规划以及对建成的设施网络的改善,需考虑如何应对飞速发展的现代流通体系,尤其是省际流通成本下降的博弈。流通基础设施水平无法匹配产业结构发展会极大地降低贸易和流通效率。因此,各地区需要结合本地产业特色建设结合仓储、配送、货运、信息网络、营销策划等中心为一体的,规模适当、功能齐全的流通基础设施网络,调整优化城市流通网络布局。此外,中央政府需要重点完善中西部地区和农村的基础设施网络,畅通东中西部地区和城乡之间的双向物流通道,支持建设和改造具有公益性质的流通基础设施,努力促进区域和城乡之间基础设施建设的均衡发展。

第三,政府需要鼓励流通组织中批发企业向大型的批发商、经销商以及代理商转型,并积极引导零售企业注重科学技术的投入,加快流通产业规模发展。由于当前中国贸易中介在组织化、规模化、产业化、信息化等方面仍逊于国外企业,其在降低流通成本方面的作用未能得到充分发挥。因此,有必要贯彻落实流通产业及行业的优惠政策,以突破流通企业成长以及产业发展的制度瓶颈,理顺行业管理的体制机制,从而形成规模经济。

参考文献

[1] Acemoglu D,Kremer M,Mian A. Incentives in Markets,Firms and Governments[J]. Journal of Law,Economics and Organization,2008(2):273 - 306.

[2] Aimin C. Urbanization and Disparities in China:Challenges of Growth and Development[J]. China Economic Review,2002(4):407 - 411.

[3] Alwyn Y. The Razor's Edge:Distortions and Incremental Reform in the People's Republic of China[J]. Quarterly Journal of Economics,2000(4):1091 - 1135.

[4] Anselin L. Local Indicators of Spatial Association——LISA[J]. Geographical Analysis,2010(2):93 - 115.

[5] Anselin L. Spatial Econometrics:Methods and Model,Dordrecht[M]. Dordrecht:Kluwer Academic,1988.

[6] Armstrong M. Competition in Two-sided Markets[J]. The RAND Journal of Economics,2006(3):668 - 691.

[7] Arthur W B. Positive Feedbacks in The Economy[J]. Scientific American,1990(262):92 - 99.

[8] Atkinson A B,Andrea B. Promise and Pitfalls in the Use of "Secondary" Data-sets:Income Inequality in OECD Countries as a Case Study [J]. Journal of Economic Literature,2001(3):771 - 799.

[9] Bai C E, David L, Tao Z G, et al. A Multi-task Theory of the State Enterprise Reform[J]. Journal of Comparative Economics, 2001 (4):716 – 738.

[10] Balassa B. The Theory of Economic Integration[M]. Homewood: Irwin, 1961.

[11] Balassa B. Trade Creation and Trade Diversion in the European Common Market: An Appraisal of the Evidence[J]. The Manchester School, 1974(2):93 – 135.

[12] Barrios S, Strobl E. The Mobility and Geographic Concentration of Industries in Europe[J]. Economics Letters, 2004(1):71 – 75.

[13] Barro R J, Sala-i-Martin X. Convergence[J]. Journal of Political Economy, 1992(2):407 – 443.

[14] Barro R J, Sala-i-Martin X. Regional Growth and Migration: A Japan-United States Comparison[J]. Journal of the Japanese and International Economies, 1992(4):312 – 346.

[15] Batisse C. Dynamic Externalities and Local Growth—A Panel Data Analysis Applied to Chinese Provinces[J]. China Economic Review, 2002(13):231 – 251.

[16] Batisse C, Poncet S. Protectionism and Industry Localization in Chinese Provinces[J]. Journal of Chinese Economic and Business Studies, 2004(2):133 – 154.

[17] Bayoumi T, Eichengreen B. One Money or Many? Analysing the Prospects for Monetary Unification in Various Parts of the World [C]. Princeton Studies in International Economics, 1994.

[18] Bayoumi T, Eichengreen B. Operationalzing the Theory of Optimum Currency Areas[C]. CEPR Discussion Paper, 1996.

[19] Beason R, Weinstein D. Growth, Economies of Scale, and Targeting in Japan (1955 – 1990)[J]. Review of Economics and Statistics, 1993 (2):286 – 295.

[20] Blanchard O J, Quah D. The Dynamic Effects of Aggregate Demand and Supply Disturbances[J]. American Economic Review, 1989(79):655 - 673.

[21] Brown T L,Lee J D,McGehee D V. An Attention-based Model of Driver Performance in Rear-end Collisions [J]. Transportation Research Record,1992(1724):14 - 20.

[22] Brülhart M. Marginal Intra - industry Trade: Measurement and Relevance for the Pattern of Industrial Adjustment[J]. Review of World Economics,1994(3):130.

[23] Brülhart M,Johan T. Regional Integration,Scale Economies and Industry Location in the European Union[C]. CEPR Discussion Paper,1996.

[24] Caramazza F,Hostland D,Poloz S. The Demand for Money and the Monetary Policy Process in Canada[J]. Journal of Policy Modelling, 1990(2):387 - 426.

[25] Charles T. A Pure Theory of Local Expenditures[J]. Journal of Political Economy,1956(64):416 - 426.

[26] Chatterji M. Convergence Clubs and Endogenous Growth [J]. Oxford Review of Economic Policy,1992(4):57 - 69.

[27] Cheung Y W,David M C,Eiji F. The Illusion of Precision and the Role of the Renminbi in Regional Integration[C]. Hong Kong Institute for Monetary Research,Working Papers,2006.

[28] Cohen D W,et al. The European Monetary Union:An Agnostic Evaluation[C]. CEPR Discussion Paper,1989.

[29] Cooper C A,Massell B F. A New Look at Customs Union Theory [J]. Economic Journal,1965(75):742 - 747.

[30] Cooper C A,Massell B F. Towards a General Theory of Customs Union for Developing Countries[J]. Journal of Political Economy, 1965(73):461 - 476.

[31] Corden W M. Economies of Scale and Customs Union Theory[J]. Journal of Political Economy,1972(80):465 - 475.

[32] Cressie N. Statistics for Spatial Data[M]. New York:Wiley,1993.

[33] Cumby R E, Frederick S M. The International Linkage of Real Interest Rates: The European-U. S. Connection[J]. Journal of International Money and Finance,1986(5):5 - 23.

[34] Cumby R E, Maurice O. International Interest Rate and Price Level Linkages under Flexible Exchange Rates: A Review of Recent Evidence[M]//Bilson J F O,Marston R C. Exchange Rate Theory and Practice. Chicago:University of Chicago Press,1984.

[35] Curzon V. The Essentials of Economic Integration[M]. London: MacMillan,1974.

[36] David D. Outward-oriented Developing Economies Really Do Grow More Rapidly:Evidence from 95 LDC's,1976 - 1985[J]. Economic Development and Cultural Change,1992(3):523 - 544.

[37] Démurger S. Infrastructure Development and Economic Growth: An Explanation for Regional Disparities in China? [J]. Journal of Comparative Economics,2001(29):95 - 117.

[38] Démurger S,Jeffrey D S,et al. Geography,Economic Policy,and Regional Development in China[J]. Asia Economic Papers,2002 (1):146 - 197.

[39] Dewatripont M,Maskin E. Credit and Efficiency in Centralized and Decentralized Economies[J]. Review of Economic Studies, 1995 (4):541 - 555.

[40] Dixit A, Stiglitz J. Monopolistic Competition and Optimum Product Diversity[J]. American Economic Review,1977(3):297 - 308.

[41] Drysdale P,Gamaut R. Principles of Pacific Economic Integration [M]//Peter D,Ross G. Asia Pacific Regionalism. Sydney:Harper Educational,1994.

[42] Edwards S. Openness, Productivity, and Growth: What Do We Really Know? [J]. Economic Journal,1998(447):383-398.

[43] Edwards S. Trade Orientation,Distortions,and Growth in Developing Countries[J]. Journal of Development Economics,1992(39):31-57.

[44] Eichengreen B. Trends and Cycles in Foreign Lending[C]. NBER Working Papers,1990.

[45] Elisabetv M. Agglomeration Economies and Industrial Location: City-level Evidence[J]. Journal of Economic Geography,2004(4): 565-582.

[46] Elliott G,Thomas J,et al. Efficient Tests for an Autoregressive Unit Root[J]. Econometrica,1996(64):813-836.

[47] Ellison G,Glaeser E. Geographic Concentration in U. S. Manufacturing Industries:A Dartboard Approach[J]. Journal of Political Economy, 1997(10):889-927.

[48] Engel C,Rogers J H. Relative Price Volatility:What Role Does Border Play? [C]. Discussion Paper in Economics at the University of Washington,1998.

[49] Fagerberg J,Verspagen B. Heading for Divergence? Regional Growth in Europe Reconsidered[J]. Journal of Common Market Studies, 1996(34):431-448.

[50] Fan C S, Wei X D. The Law of One Price: Evidence from the Transitional Economy of China[C]. Working Paper of Lingnan University,Hong Kong,2003.

[51] Fernald J,Edison H,Loungani P. Was China the First Domino? Assessing Links between China and Other Asian Economies[J]. Journal of International Money and Finance,1999(18):515-535.

[52] Fisman R,Wei S J. Tax Rates and Tax Evasion:Evidence from "Missing Imports" in China[C]. NBER Working Papers,2001.

[53] Francoise M,Beatrice S. A Measure of the Geographic Concentration in

French Manufacturing Industries[J]. Regional Science and Urban Economics,1999(5):575 - 604.

[54] Fujita M,Krugman P,Mori T. On the Evaluation of Hierarchical Urban Systems[J]. European Economic Review,1999(2):249 - 263.

[55] Fujita M,Krugman P R,Venables A J. The Spatial Economy[M]. Cambridge:Massachusetts Institute of Technology Press,1999.

[56] Fujita M. A Monopolistic Competition Model of Spatial Agglomeration: Differentiated Product Approach[J]. Regional Science & Urban Economics,1988(18):87 - 124.

[57] Gasiorek M,Smith A,Venables A. Completing the Internal Market in the EC:Factor Demands and Comparative Advantage[M]// Winters L A,Venables A J. European Integration:Trade and Industry. Cambridge:Cambridge University Press,1991.

[58] Geert B,Campbell R H,et al. Market Integration and Contagion [C]. NBER Working Papers,2003.

[59] Giannetti M. The Effects of Integration on Regional Disparities: Convergence, Divergence or Both? [J]. European Economic Review, 2002(3):539 - 567.

[60] Goldberg P K,Frank V. Market Integration and Convergence to the Law of One Price:Evidence from the European Car Market [C]. NBER Working Papers,2001.

[61] Gordon H H,Robert C,et al. Intermediaries in Entrepot Trade: Hong Kong Re-exports of Chinese Goods[C]. NBER Working Papers,2001.

[62] Grauwe P D,Vanhaverbeke W. Is Europe an Optimum Currency Area? Evidence from Regional Data[C]. CEPR Discussion Paper,1991.

[63] Grubel H,Lloyd P. Intra-industry Trade[M]. London:MacMillan, 1975.

[64] Hanson G H. Foreign Direct Investment and Relative Wages:

Evidence from Mexico's Maquiladoras[J]. Journal of International Economics,1997(42):371 - 394.

[65] Hanson G H. Localization Economies, Vertical Organization, and Trade[J]. American Economic Review,1996(86):1226 - 1278.

[66] Hanson G H. Regional Adjustment to Trade Liberalization[J]. Regional Science and Urban Economics,1998(28):419 - 444.

[67] Harberler G. The International Monetary System: Some Recent Developments and Discussions [M]. Princeton: Princeton University Press,1970.

[68] Harding H. The Concept of "Greater China": Themes, Variations and Reservations[J]. The China Quarterly,1993(136):660 - 686.

[69] Helpman E, Krugman P. Market Structure and Foreign Trade: Increasing Returns, Imperfect Competition and the International Economy[M]. Cambridge: MIT Press,1985.

[70] Helpman E, Krugman P. Trade Policy and Market Structure[M]. Cambridge: MIT Press,1989.

[71] Henderson J V. Externalities and Industrial Development[J]. Journal of Urban Economics,1997(42):449 - 470.

[72] Henderson J V. The Sizes and Types of Cities[J]. American Economic Review,1974(64):640 - 656.

[73] Hoxby, Caroline M. Is There an Equity-efficiency Trade-off in School Finance? Tiebout and a Theory of the Local Public Goods Producer[C]. NBER Working Papers,1995.

[74] Hu D P. Trade, Rural-urban Migration, and Regional Income Disparity in Developing Countries: A Spatial General Equilibrium Model Inspired by the Case of China[J]. Regional Science and Urban Economics,2002(32):311 - 338.

[75] Imada P. Evaluating Economic Development in Developing Countries [M]. Ann Arbor: UMI,1990.

[76] Imada P. Production and Trade Effects of an ASEAN Free Trade Area[J]. Developing Economies,1993(1):3 - 23.

[77] Jeffrey A F. Quantifying International Capital Mobility[M]// Bernheim D,Shoven J. National Saving and Economic Performance. Chicago:University of Chicago Press,1991.

[78] Jiming H,Kelvin F. Price Convergence between Hong Kong and the Mainland[R]. Research Memorandum,Hong Kong Monetary Authority,2002.

[79] Kemp M, Wan H. A Contribution to the General Equilibrium Theory of Preferential Trading[M]. Amsterdam:North Holland, 1969.

[80] Kemp M, Wan H. An Elementary Proposition Concerning the Formation of Customs Unions[J]. Journal of International Economics, 1976(6):95 - 97.

[81] Kendall M. The Analysis of Economic Time-series,Part I :Prices [J]. Journal of the Royal Statistical Society,1953(96):11 - 25.

[82] Kenen P B. The Theory of Optimum Currency Areas:An Eclectic View[M]//Mundell R A,Swoboda A. Monetary Problems of the International Economy. Chicago:University of Chicago Press,1969.

[83] Kim S. Expansion of Markets and the Geographic Distribution of Economic Activities:The Trends in U. S. Regional Manufacturing Structure[J]. Quarterly Journal of Economics,1995(110):881 - 908.

[84] Klein L,Salvatore D. Welfare Effects of NAFTA[J]. Journal of Policy Modeling,1995(2):163 - 76.

[85] Knetter M M,Matthew S J. Measuring Market-product Integration [C]. NBER Working Papers,1999.

[86] Knight J,Li S,Zhao R W. Divergent Means and Convergent Inequality of Incomes among the Provinces and Cities of Urban China[C]. UNU/WIDER Research Paper,2004.

[87] Krugman P. Increasing Returns and Economic Geography[J]. Journal of Political Economy,1991(99):483 - 499.

[88] Krugman P. Strategic Trade Policy and the New International Economics[M]. Cambridge:MIT Press,1986.

[89] Krugman P. The Lessons of Massachusetts for EMU[M]//Torres F,Giavazzi F. Adjustment and Growth in the European Monetary Union. Cambridge:Cambridge University Press,1993.

[90] Krugman P,Elizondo L. Trade Policy and the Third World Metropolis [J]. Journal of Development Economics,1996(49):137 - 150.

[91] Krugman P, Venables A. Integration, Specialization and Adjustment [C]. NBER Working Papers,1993.

[92] Lin C C,Lai C C. An Application of the Efficiency-wage Hypothesis to the Modelling of LDC Labour Problems:A Comment[J]. Journal of Economic Development,1995(20):57 - 65.

[93] Lipsey R G. The Theory of Customs Unions:A General Survey [J]. Economic Journal,1960(70):496 - 513.

[94] Lipsey R G,Lancaster K J. The General Theory of Second Best [J]. Review of Economic Studies 1956(24):11 - 32.

[95] Lu M,Zhao C. Urbanization,Urban-biased Policies and Urban-rural Inequality in China:1987 - 2001[J]. Chinese Economy,2006 (3):42 - 63.

[96] Luis A R,Paul M,et al. Economic Integration and Endogenous Growth [C]. NBER Working Papers,1990.

[97] Ma J. China's Economic Reform in the 1990s[R]. Washington: International Monetary Fund,1997.

[98] Ma J. Quantifying the Effect of China's WTO Entry[R]. Global Markets Research,Hong Kong:Deutsche Bank,2001.

[99] Machlup F. A History of Thought on Economic Integration[M]. London:Macmillan,1977.

[100] Maddala G S, Wu S W. Comparative Study of Unit Root Tests with Panel Data and a New Simple Test[C]. Oxford Bulletin of Economics and Statistics, 1999.

[101] Magrini S. The Evolution of Income Disparities Among the Regions of the European Union[J]. Regional Science and Urban Economics, 1999(29):257 - 281.

[102] Mark N. Some Evidence on the International Inequality of Real Interest Rates[J]. Journal of International Money and Finance, 1985(4):189 - 208.

[103] Maurel F, Sedillot B A. Measure of the Geographic Concentration in French Manufacturing Industries[J]. Regional Science and Urban Economics, 1999(5):575 - 604.

[104] Max C. Trade Policy and Economic Welfare[M]. Oxford: Clarendon Press, 1974.

[105] Meade J E. Problems of Economic Union[M]. London: Allen & Unwin, 1953.

[106] Meade J E. The Theory of Customs Unions[M]. Amsterdam: North-Holland, 1955.

[107] Mishkin F S. Are Real Interest Rates Equal Across Countries? An Empirical Investigation of International Parity Conditions [J]. Journal of Finance, 1984(39):1345 - 1357.

[108] Mundell R. The Theory of Optimum Currency Area[J]. American Economic Review, 1961(51):657 - 665.

[109] Naudé W A, Krugell W F. Are South African Cities too Small? [J]. The International Journal of Urban Policy and Planning, 2003(3):175 - 180.

[110] Neven D, Gouyette C. Regional Convergence in the European Community[J]. Journal of Common Market Studies, 1995(33): 47 - 65.

[111] Noland M,Liu L G,et al. Global Economic Effects of the Asian Currency Devaluations [M]//Policy Analyses in International Economics. Washington:Institute for International Economics,1998.

[112] North D C,Thomas R P. The Rise of the West World:A New Economic History[M]. Cambridge:Cambridge University Press, 1973.

[113] Parsley D C, Wei S J. Convergence to the Law of One Price without Trade Barriers of Currency Fluctuations[J]. Quarterly Journal of Economics,1996(111):1211 - 1236.

[114] Parsley D C,Wei S J. Explaining the Border Effect:The Role of Exchange Rate Variability, Shipping Cost, and Geography[C]. NBER Working Papers,2000.

[115] Parsley D C,Wei S J. Limiting Currency Volatility to Stimulate Goods Market Integration:A Price Based Approach[C]. NBER Working Papers,2001.

[116] Pau S. Theoretical Note on Trade Problem[J]. Review of Economic and Statistics,1954(46):145 - 164.

[117] Peltzman S. Political Economy of Public Education:Non-college Bound Students[J]. Journal of Law and Economics, 1996 (1): 73 - 120.

[118] Peltzman S. The Political Economy of the Decline of American Public Education[J]. Journal of Law and Economics,1993(1 - 2):331 - 370.

[119] Pernia E M,Quising P F. Trade Openness and Regional Development in A Developing Country[J]. Annals of Regional Science,2003(3): 391 - 407.

[120] Philip S. Deflation in Hong Kong,SAR[R]//People's Republic of China-Hong Kong Special Administrative Region:Selected Issues, Washington:IMF,2002.

[121] Poncet S. Measuring Chinese Domestic and International Integration [J]. China Economic Review,2003(1):1 - 21.

[122] Qian Y, Barry R. Weingast. Federalism as a Commitment to Preserving Market Incentives[J]. Journal of Economic Perspectives, 1997(4):83 - 92.

[123] Qian Y, Roland G, Xu C. Coordinating Changes in M-form and U-form Organizations[C]. William Davidson Institute Working Papers,1999.

[124] Qian Y, Roland G. Federalism and the Soft Budget Constraint [J]. American Economic Review,1998(5):1143 - 1162.

[125] Qian Y, Roland G, Xu C. Why China's Different from Eastern Europe? Perspectives from Organization Theory[J]. European Economic Review,1999(4 - 6):1085 - 1094.

[126] Ravi K, Zhang X B. Fifty Years of Regional Inequality in China: A Journey through Central Planning, Reform and Openness[J]. Review of Development Economics,2005(9):87 - 106.

[127] Redding S. Dynamic Comparative Advantage and Welfare Effects of Trade[J]. Oxford Economic Papers,1999(1):15 - 39.

[128] Rivera-Batiz L, Romer P. Economic Integration and Endogenous Growth[J]. Quarterly Journal of Economics,1991(106):531 - 555.

[129] Rivera-Batiz L, Romer P. International Trade with Endogenous Technological Change[C]. NBER Working Papers,1991.

[130] Robert L Z. Japan's Different Trade Regime: An Analysis with Particular Reference to Keiretsu[J]. Journal of Economic Perspectives, 1993(3):3 - 19.

[131] Robson P. The Economics of Integration[M]. London: Unwin Hyman Ltd. ,1989.

[132] Romain W, Karen H W. Trade Liberalization and Growth: New Evidence[C]. NBER Working Papers,2003.

[133] Ronald M. Optimum Currency Areas[J]. American Economic Review,1963(53):207 - 222.

[134] Rosenthal S S,Strange C. The Determinants of Agglomeration [J]. Journal of Urban Economics,2001(2):191 - 229.

[135] Sachs J,Warner A. Economic Reform and The Process of Global Integration[J]. Brookings Paper on Economic Activity,1995(1): 1 - 95.

[136] Sachs J,Sala-i-Martin. Fiscal Federalism and Optimum Currency Areas:Evidence for Europe from the U. S. [C]. NBER Working Papers,1991.

[137] Sjoberg O,Sjoholm F. Trade Liberalization and the Geography of Production: Agglomeration, Concentration and Dispersal in Indonesia's Manufacturing Industry[J]. Economic Geography, 2004(80):287 - 310.

[138] Smith A,Venables A. Completing the Internal Market in the EC: Some Industry Simulations[J]. European Economic Review,1988 (32):1501 - 1525.

[139] Smith A,Venables A. The Cost of Non-Europe:An Assessment Based on a Formal Model of Imperfect Competition and Economies of Scale[M]//Studies on the Economics of Integration. Luxembourg: CEC,1988.

[140] Srinivasan T N,BhagwatiJ. Outward-orientation and Development: Are Revisionists Right? [C]. Economic Growth Center Discussion Paper of Yale University,1999.

[141] Thomas H,David H,Maros I,et al. How Confident Can We Be in CGE - based Assessments of Free Trade Agreements? [C] NBER Working Papers,2004.

[142] Viner J. The Customs Union Issue[M]. New York:Carnegie Endowment for International Peace,1950.

[143] Wan G H, Ming L, Zhao C. Income Inequility in Rural China: Regressing-based Decomposition Using Household Data [J]. Review of Development Economics, 2004(9):107 – 120.

[144] Wen M. Relocation and Agglomeration of Chinese Industry[J]. Journal of Development Economics, 2004(73):329 – 347.

[145] Wu L P. Integration of China's Major Agricultural Product Markets [C]. France: Papers of the 3rd International Conference on Chinese Economy, 2001.

[146] Xie D. Analysis of the Development of China's Money Market [J]. China and the World Economy, 2002(10):29 – 37.

[147] Xu X P. Have the Chinese Provinces Become Integrated under Reform[J]. China Economic Review, 2002(13):116 – 133.

[148] Yang T D. Urban-biased Policies and Rising Income Inequality in China[J]. American Economic Review Papers and Proceedings, 1999 (5):306 – 310.

[149] Zhang T, Zou H. Fiscal Decentralization, Public Spending, and Economic Growth in China[J]. Journal of Public Economics, 1998 (67):221 – 240.

[150] Zhang X B, Zhang K H. How Does Globalization Affect Regional Inequality within a Developing Country? Evidence from China [J]. Journal of Development Studies, 2003(4):47 – 67.

[151] Zhang Y S. On Regional Inequality and Diverging Club: A Case Study of Contemporary China[J]. Journal of Comparative Economics, 2001(29):466 – 484.

[152] Zhang Z, Liu A, Yao S. Convergence of China's Regional Income: 1952 – 1997[J]. China Economic Review, 2001(12):243 – 258.

[153] 白重恩,杜颖娟,陶志刚,等.地方保护主义及产业地区集中度的决定因素和变动趋势[J].经济研究,2004(4):29 – 40.

[154] 陈广汉.论中国内地与港澳地区经贸关系的演进与转变[J].学术

研究,2006(2):61-67.

[155] 陈敏,桂琦寒,陆铭,等.中国经济增长如何持续发挥规模效应?——经济开放与国内商品市场分割的实证研究[J].经济学,2008(1):125-150.

[156] 程艳.流通产业的组织结构及其投资运行[J].经济学家,2007(2):97-101.

[157] 程艳.流通产业集聚背景下的厂商投资选择分析[J].经济学家,2011(7):102-104.

[158] 程艳.流通产业区域规模变动的理论分析[J].浙江学刊,2012(6):169-176.

[159] 程艳.流通产业市场治理结构的理论分析[J].学术月刊,2019(7):56-65.

[160] 程艳.流通厂商的空间区位决定及其投资选择[J].浙江社会科学,2011(9):2-9.

[161] 程艳.流通厂商投资环境的制度约束分析[J].社会科学战线,2015(9):45-53.

[162] 程艳.商贸流通理论的发展及评述[J].浙江学刊,2007(5):181-185.

[163] 程艳.中国流通产业进入管制的理论评判和现实反思[J].国际贸易问题,2006(7):37-41.

[164] 程艳.中国区域经济整合——泛一体化的视角[M].杭州:浙江大学出版社,2010.

[165] 程艳,贺亮.内生交易费用与流通成本的变动——兼论互联网平台交易费用内生性路径[J],治理研究,2021(2):102-109.

[166] 程艳,叶徵.流通成本变动与制造业空间集聚——基于地方保护政策的理论和实践分析[J].中国工业经济,2013(4):146-158.

[167] 程艳,袁益.内生交易费用与商品市场分割——兼论互联网企业的创新行为[J].中共浙江省委党校学报,2017(4):98-106.

[168] 丁维莉,陆铭.教育的公平与效率是鱼和熊掌吗——基础教育财政的一般均衡分析[J].中国社会科学,2005(6):47-57.

[169] 樊光鼎.论企业家才能——兼论民营企业的可持续发展[J].中国工业经济,1999(7):25-28.

[170] 范爱军,李真,刘小勇.国内市场分割及其影响因素的实证分析——以我国商品市场为例[J].南开经济研究,2007(5):111-119.

[171] 范剑勇.市场一体化、地区专业化与产业集聚趋势——兼谈对地区差距的影响[J].中国社会科学,2004(6):39-51.

[172] 范剑勇,朱国林.中国地区差距演变及其结构分解[J].管理世界,2002(7):37-44.

[173] 桂琦寒,陈敏,陆铭,等.中国国内商品市场趋于分割还是整合:基于相对价格法的分析[J].世界经济,2006(2):20-30.

[174] 郭东乐,方虹.中国流通产业组织结构优化与政策选择[J].财贸经济,2002(3):59-66.

[175] 何大安.产业运行格局与就业结构变动[J].经济学家,2006(3):49-55.

[176] 何大安.产业自然垄断与政府产业管制[J].商业经济与管理,2006(9):3-8.

[177] 何大安.跨国公司投资与流通产业管制[J].财贸经济,2006(8):66-71.

[178] 何大安.流通产业组织结构优化中的自然垄断趋势[J].经济学家,2007(4):46-52.

[179] 何大安.政府产业管制的理性和非理性[J].学术月刊,2006(5):81-87.

[180] 何大安.中国流通产业运行问题——基于产业组织及其制度的基础理论考察[M].北京:经济科学出版社,2008.

[181] 何树贵.三种企业家理论的比较[J].浙江社会科学,2002(4):36-39.

[182] 黄桂田,李正全.企业与市场:相关关系及其性质——一个基于回归古典的解析框架[J].经济研究,2002(1):72-79.

[183] 黄少安.关于制度变迁的三个假说及其验证[J].中国社会科学,2000(4):37-49.

[184] 黄赜琳,王敬云.地方保护与市场分割:来自中国的经验数据[J].中国工业经济,2006(2):60-67.

[188] 纪汉霖,管锡展.纵向一体化结构下的双边市场定价策略[J].统工程理论与实践,2008(9):52-58.

[185] 金煜,陈钊,陆铭.中国的地区工业集聚:经济地理、新经济地理与经济政策[J].经济研究,2006(4):79-89.

[186] 荆林波.关于外资企业进入中国流通业引发的三个问题[J].国际经济评论,2005(5):44-47.

[187] 柯武刚,史漫飞.制度经济学——社会秩序与公共政策[M].北京:商务印书馆,1992.

[188] 李心丹,刘瑛,刘铁军.中国内地和香港能否构成最优货币区研究——来自实证结果的分析[J].复旦学报(社会科学版),2003(5):18-25.

[189] 林毅夫.发展战略、自生能力和经济收敛[J].经济学,2002(2):269-300.

[190] 林毅夫,刘培林.中国的经济发展战略与地区收入差距[J].经济研究,2003(3):19-25.

[191] 刘安国,杨开忠.新经济地理学理论与模型评介[J].经济学动态,2001(12):67-72.

[192] 柳思维.《资本论》中流通费用理论的内容及其现实意义[J].经济问题,2017(12):9-12.

[193] 陆铭,陈钊.城市化、城市倾向的经济政策与城乡收入差距[J].经济研究,2004(6):50-58.

[194] 陆铭,陈钊.分割市场的经济增长——为什么经济开放可能加剧地方保护?[J].经济研究,2009(3):42-52.

[195] 陆铭,陈钊.中国区域经济发展中的市场整合与工业集聚[M].上海:上海人民出版社,2006.

[196] 陆铭,陈钊,万广华.因患寡,而患不均:中国的收入差距、投资、教育和增长的相互影响[J].经济研究,2005(12):4-14.

[197] 陆铭,陈钊,严冀.收益递增、发展战略与区域经济的分割[J].经济研究,2004(1):54-63.

[198] 陆铭,向宽虎.地理与服务业——内需是否会使城市体系分散化[J].经济学,2012(4):1079-1096.

[199] 罗珉,曾涛,周思伟.企业商业模式创新:基于租金理论的解释[J].中国工业经济,2005(7):73-81.

[200] 罗勇,曹丽莉.中国制造业集聚程度变动趋势实证研究[J].经济研究,2005(8):106-115.

[201] 马栓友,于红霞.转移支付与地区经济收敛[J].经济研究,2003(3):26-33.

[202] 莫祯贞,李诗洋,班智飞.平台经济:新经济发展引擎[J].中国科技产业,2017(6):75-80.

[203] 聂辉华.企业:一种人力资本使用权交易的黏性组织[J].经济研究,2003(8):64-69.

[204] 聂辉华.企业的本质:一个前沿综述[J].产业经济评论,2003(2):22-36.

[205] 潘文卿.中国的区域关联与经济增长的空间溢出效应[J].经济研究,2012(1):54-65.

[206] 皮建才.中国地方政府间竞争下的区域市场整合[J].经济研究,2008(3):115-124.

[207] 钱颖一,许成钢.中国的经济改革为什么与众不同——M型的层级制和非国有部门的进入与扩张[J].经济社会体制比较,1993(11):29-40.

[208] 乔彬,李国平,杨妮妮.产业聚集测度方法的演变和新发展[J].数量经济技术经济研究,2007(4):124-133.

[209] 屈子力.内生交易费用与区域经济一体化[J].南开经济研究,2003(2):67-70.

[210] 沈芳.流通费用和交易费用的比较研究[J].经济纵横,2009(9):20-24.

[211] 沈立人,戴园晨.我国"诸侯经济"的形成及其弊端和根源[J].经济研究,1990(3):12-19.

[212] 沈满洪,张兵兵.交易费用理论综述[J].浙江大学学报(人文社会科学版),2013(2):44-58.

[213] 石磊,马士国.市场分割的形成机制与中国统一市场建设的制度安排[J].中国人民大学学报,2006(3):25-32.

[214] 石奇,孔群喜.接入定价、渠道竞争与规制失败[J].经济研究,2009(9):116-127.

[215] 万广华,陆铭,陈钊.全球化与地区间收入差距:来自中国的证据[J].中国社会科学,2005(3):17-26.

[216] 王晓东,谢莉娟.社会再生产中的流通职能与劳动价值论[J].中国社会科学,2020(6):72-93,206.

[217] 王晓东,张昊.中国国内市场分割的非政府因素探析——流通的渠道、组织与统一市场构建[J].财贸经济,2012(11):85-92.

[218] 王永钦,张晏,章元,等.中国的大国发展道路——论分权式改革的得失[J].经济研究,2007(1):4-16.

[219] 魏后凯.外商直接投资对中国区域经济增长的影响[J].经济研究,2002(4):19-26.

[220] 文启湘,赵玻.论我国流通产业进入管制制度创新[J].商业经济与管理,2003(4):10-14.

[221] 吴玉鸣.中国省域经济增长趋同的空间计量经济分析[J].数量经济技术经济研究,2006(12):101-108.

[222] 武剑.外商直接投资的区域风不及其经济增长效应[J].经济研究,2002(4):27-35.

[223] 行伟波,李善同.本地偏好、边界效应与市场一体化——基于中国地区间增值税流动数据的实证研究[J].经济学,2009(4):1455-1474。

[224] 行伟波,李善同.地方保护主义与中国省际贸易[J].南方经济,2012(1):58-70.

[225] 徐现祥,李郁.中国省际贸易模式:基于铁路货运的研究[J].世界经济,2012(9):41-60。

[226] 许德友,梁琦,张文武.中国对外贸易成本的测度方法与决定因素——一个基于面板数据的衡量[J].世界经济文汇,2010(6):1-13.

[227] 许统生,洪勇,涂远芬.加入世贸组织后中国省际贸易成本测度、效应及决定因素[J].经济评论,2013(3):126-135。

[228] 晏维龙,韩耀,杨益民.城市化与商品流通的关系研究:理论与实证[J].经济研究,2004(2):75-83.

[229] 杨开忠.中国区域经济差异的变动研究[J].经济研究,1994(12):19-33.

[230] 杨其静.保护市场的联邦主义及其批判[J].经济研究,2008(3):99-114.

[231] 杨瑞龙.我国制度变迁方式转换的三阶段论——兼论地方政府的制度创新行为[J].经济研究,1998(1):5-12.

[232] 杨瑞龙,杨其静.专用性、专有性与企业制度[J].经济研究,2001(3):3-11.

[233] 银温泉,才婉茹.我国地方市场分割的成因和治理[J].经济研究,2001(6):3-12.

[234] 喻闻,黄季焜.从大米市场整合程度看我国粮食市场改革[J].经济研究,1998(3):50-57.

[235] 张杰,张培丽,黄泰岩.市场分割推动了中国企业出口吗?[J].经济研究,2010(8):29-41.

[236] 张凯,李向阳.部分重叠业务的双边平台企业竞争模型[J].系统工程理论与实践,2010(6):961-970.

[237] 张五常.交易费用的范式[J].社会科学战线,1999(1):1-9.

[238] 张晏,龚六堂.分税制改革、财政分权与中国经济增长[J].经济学,2006(1):75-108.

[239] 张育林.对流通成本概念问题的认识[J].商业时代,2007(33):14-15.

[240] 郑毓盛,李崇高.中国地方分割的效率损失[J].国社会科学,2003

(1):64 - 72.

[241] 周秀英.论马克思流通费用理论的价值[J].社会科学战线,2009 (9):264 - 266.

[242] 周章跃、万广华.论市场整合研究方法——兼评喻闻、黄季焜"从大米市场整合程度看我国粮食市场改革"一文[J].经济研究, 1999(3):73 - 79.

[243] 朱希伟,金祥荣.国内市场分割与中国的出口贸易扩张[J].经济研究,2005(12):68 - 76.

附　录

一、消费者行为

消费者的福利水平由其名义工资、当地物价水平与可消费的制造业商品和农产品决定，其中农产品的区域贸易无成本。制造业劳动力的收入即为其工资，且不存在储蓄。消费者的效用最大化目标函数为：

$$\max U = C_M^{\mu} C_A^{1-\mu}。$$

消费者名义收入等于支出，即

$$Y = E = \int_{i=0}^{i=n+n^*} p_i c_i d_i + p_A C_A。$$

其中，μ 为消费者对于制造业商品的偏好，c_i 为特定商品 i 的消费量，n、n^* 代表本地、外地商品数目，假设各厂商只生产一种不可替代的商品，则 n、n^* 也代表本地、外地厂商数量。C_A 为农产品的消费量。C_M 为制造业商品消费组合，设

$$C_M = \left(\int_{i=0}^{i=n+n^*} c_i^{\rho} di \right)^{1/\rho} = U_M。$$

令 ρ 代表消费者对单一产品的偏好强度，可以发现随着商品种类 $n+n^*$ 的增加，消费者效用 U 上升，即消费者偏好商品多样性。

1.求解消费者对制造业产品消费效用最大化问题

对最优化函数 $L_1 = \int_{i=0}^{n+n^*} p_i c_i di - \lambda \left[\left(\int_{i=o}^{n+n^*} c_i^{\rho} di \right)^{1/\rho} - \overline{U}_M \right]$ 求导，可得

制造厂商产品价格

$$\frac{p_i}{p_j} = \frac{c_i^{\sigma-1}}{c_j^{\sigma-1}},$$

用 c_i 表示 $c_{j \neq i}$,代入总收入 Y,得消费者对特定制造业产品 i 的需求函数

$$c_i = \frac{C_M p_i^{1/(\rho-1)}}{\left[\int_{i=0}^{i=n+n^*} p_i^{\rho/(\rho-1)} \, di\right]^{1/\rho}};$$

代入制造产品需求函数得

$$\int_{i=0}^{i=n+n^*} p_i c_i \, di = \left[\int_{i=0}^{n+n^*} p_i^{\rho/(\rho-1)} \, di\right]^{(\rho-1)/\rho},$$

$$\overline{U} = \left(\int_{i=0}^{n+n^*} p_i^{1-\sigma} \, di\right)^{1/(1-\sigma)} \overline{U}_\circ$$

其中,物价指数

$$P_M = \left[\int_{i=0}^{i=n+n^*} p_i^{\rho/(\rho-1)} \, di\right]^{(\rho-1)/\rho} = \left(\int_{i=0}^{n+n^*} p_i^{1-\sigma} \, di\right)^{1/(1-\sigma)},$$

σ 为替代弹性:

$$\sigma = \frac{1}{1-\rho}_\circ$$

2. 求解消费者总消费的最优化问题

对最优化函数 $L_2 = C_M^\mu C_A^{1-\mu} + \lambda(Y - P_M C_M - P_A C_A)$ 求导得

$$C_A = (1-\mu)Y/P_M,$$

$$C_M = \mu Y/P_M,$$

代入效用函数,得总物价指数

$$P = P_M^\mu P_A^{1-\mu} \tag{1}$$

本模型中,消费者由农业劳动力和制造业劳动力组成。农业劳动力不流动,制造业劳动力流动方程为

$$dS_n = (\omega - \omega^*)S_n(1-S_n)_\circ$$

其中,S_n 表示本地厂商书目占整体厂商比例。假设总厂商数目为 1,每个制造厂商生产需要 1 单位劳动力,则本地厂商占整体厂商比例即等同于本地劳动力比例占整体劳动力比例。当 $dS_n = 0$ 时,意味着两地工资率相等或厂商完全集聚于一地。

二、制造厂商行为

制造厂商满足 D-S 模型,生产仅需要劳动力且假设每一厂商仅拥有 1 单位劳动力,边际成本相同。制造厂商成本函数为

$$TC_1 = w(F + MRC q_i),$$

其收益函数 π 可表达为

$$\pi_i = p_i q_i - w(F + MRC q_i).$$

其中,F 表示固定资产投入,MRC 表示以劳动力衡量的边际成本,q_i 为产量。由 $C_M = \mu Y / P_M$,得制造厂商产量

$$c_i = q_i = \mu Y p_i^{-\sigma} P_M^{1-\sigma}.$$

有最优化函数 $L_3 = p_i c_i - w(F + MRC q_i) + \lambda(c_i - \mu Y p_i^{-\sigma} / P_M^{1-\sigma})$。对 x_i 与 p_i 求导,可得产品价格

$$p_i = p = w MRC / (1 - 1/\sigma) \tag{2}$$

也就是说,商品价格仅与工资率 w、边际成本 MRC 及消费者替代弹性 σ 有关。由于制造厂商利润为零,则由收益函数 $\pi_i = p_i q_i - w(F + MRC q_i) = 0$ 及式(2)可知

$$q_i = \frac{(\sigma-1)F}{MRC} = q \tag{3}$$

三、流通环节分析

本地流通环节总收益包括商品运输环节和本地销售环节两部分收益,其中运输成本为 τ,本地厂商负责销售本地消费的所有产品,并收取销售费用 t_1,在外地销售的商品的销售费用为 t_2。本地商品出场价为 p_i,本地消费者实际面对的本地商品价格为 $t_1 p_i$;外地商品出厂价为 p_i^*,本地消费者实际面对的外地商品价格为 $\tau t_2 p_i^*$。本地消费者物价指数可表述为

$$P_M = \left[\int_{i=0}^{n} (t_1 p_i)^{1-\sigma} di + \int_{i=0}^{n^*} (\tau t_2 p_i)^{1-\sigma} di \right]^{1/(1-\sigma)}$$

$$= \left[S_N (t_1 p)^{1-\sigma} + (1 - S_N) \tau t_2 p^* \right]^{1/(1-\sigma)}$$

将制造业商品价格 p_i 和制造厂商产量 c_i,代入上式可得单个本地

制造厂商在本地销售的收益

$$R_i = p_i c_i = \mu Y \frac{t_1^{-\sigma} p^{1-\sigma}}{P_M^{1-\sigma}}。$$

同理可得：单个外地制造产品在本地销售收益为 $r_i = \mu Y \frac{(\tau t_2)^{-\sigma} (p^*)^{1-\sigma}}{P_M^{1-\sigma}}$；本地流通厂商每单位商品收益比例为 $t_1 - 1$，本地流通环节每单位商品收益比例为 $\tau t_2 - 1$。

任何地区的销售都必须通过当地制造厂商才能实现，本地流通环节总收益 π 来自本地和外地的制造厂商产品在本地的销售收益：

$$\pi = S_n R_i (t_1 - 1) + (1 - S_n) r_i (\tau t_2 - 1)$$

$$= \left[S_n \mu Y \frac{t_1^{-\sigma} p^{1-\sigma}}{P_M^{1-\sigma}} (t_1 - 1) + (1 - S_n) \mu Y \frac{(\tau t_2)^{-\sigma} (p^*)^{1-\sigma}}{P_M^{1-\sigma}} (\tau t_2 - 1) \right]。$$

上式包含了制造厂商比例 S_n，本地收入 Y，流通成本 τ、t_i 等因素，事实上是一组联立方程［式(1)和式(2)］的解析式，销售成本 t_i 的波动将通过网络外部效应影响其他变量。上式前、后项分别表示销售本地、外地制造业产品的流通环节收益。尽管该联立方程组不存在解析解，但可通过数值模拟的方式了解其特性。

四、短期均衡分析

短期内，模型中不存在制造业劳动力流通，考察在不同的销售费用和运输成本条件下的满足短期均衡条件下的厂商分布情况，研究流通成本如何影响经济地理分布的短期演化均衡。本模型中空间分布均衡状态分为集聚分布均衡与对称分布均衡两种。集聚分布均衡指所有厂商集聚于一地，即本地制造厂商占整体的比例 S_n 为 0 或 1；对称分布均衡指厂商平均分布于两地，即 S_n 为 0.5。制造厂商行为满足可竞争理论，其经济利润为零时，$TC = \Pi$。单个厂商总成本 $TC = w\sigma F$，单个厂商总收益

$$\Pi = \mu Y \frac{t_1^{-\sigma} p^{1-\sigma}}{P_M^{1-\sigma}} + \mu Y^* \frac{(\tau t_2)^{-\sigma} p^{1-\sigma}}{(P_M^*)^{1-\sigma}} \tag{4}$$

整个社会的总支出等于总收入，即

$$Y = E = w_L L + w_N L_N。$$

其中，w_L、w_N 分别表示制造业工资率和农业工资率。短期均衡时需满足条件 $w = \dfrac{\Pi}{\sigma F}$，可推导得短期均衡条件

$$\omega = \frac{w}{P} = \frac{w^*}{P^*} = \omega^*。$$

其中，$w = \dfrac{\Pi}{\sigma F}$，$w^* = \dfrac{\Pi^*}{\sigma F}$。

将外生变量参数标准化可简化讨论。遵循已有文献并不失一般性地，假设制造业部门边际成本 $MRC = 1 - 1/\sigma$，固定投入 $F = 1/\sigma$，农业劳动力总量为 $\dfrac{1-\mu}{\mu}$ 且对称分布。

五、对称均衡瓦解点

在对称均衡瓦解点上，本地制造厂商比例为 0.5，且不存在区域间实际工资率差异，即 $\dfrac{\mathrm{d}(\omega - w^*)}{\mathrm{d}S_n} = 0$，且 $S_n = S_E = 0.5$，$w = w^* = 1$。由 $\omega = \dfrac{w}{P}$ 可知

$$\mathrm{d}w = \frac{p\,\mathrm{d}w}{p^2} - \frac{w\,\mathrm{d}p}{p^2},$$

则

$$\frac{\mathrm{d}\omega}{\omega} = \frac{\mathrm{d}w}{w} - \frac{\mathrm{d}P}{P} = \mathrm{d}w - \frac{\mathrm{d}P}{P}。$$

又根据标准化条件及名义工资收益

$$w^\sigma = \left(\frac{\Pi}{\sigma F}\right)^\sigma = \frac{\mu E^w}{\sigma F n^w}\left(\varphi\,\frac{S_E}{\Delta} + \varphi^*\,\frac{1 - S_E}{\Delta^*}\right),$$

可知

$$\sigma w^{\sigma-1}\,\mathrm{d}w = \mathrm{d}\left(\varphi\,\frac{S_E}{\Delta} + \varphi^*\,\frac{1 - S_E}{\Delta^*}\right)$$

$$= \varphi\,\frac{\Delta\,\mathrm{d}S_E - 0.5\mathrm{d}\Delta}{\Delta^2} + \varphi^*\,\frac{-\Delta\,\mathrm{d}S_E - 0.5\mathrm{d}\Delta^*}{(\Delta^*)^2} \tag{5}$$

其中，$\Delta = \varphi S_n w^{1-\sigma} + \varphi^*(1 - S_n)(w^*)^{1-\sigma}$，$\Delta^* = \varphi^* S_n w^{1-\sigma} + \varphi(1 - S_n)$

$(w^*)^{1-\sigma}$,求导得

$$d\Delta = (\varphi - \varphi^*)\left(dS_n + \frac{1-\sigma}{2}dw\right),$$

$$d\Delta^* = (\varphi^* - \varphi)\left(dS_n + \frac{1-\sigma}{2}dw\right),$$

代入式(5)可得

$$dw = \frac{2[\varphi^2 - (\varphi^*)^2]dS_E - 2(\varphi - \varphi^*)^2 dS_n}{(\varphi + \varphi^*)^2\sigma + (\varphi - \varphi^{*2}(1-\sigma)}。$$

又 $dS_E = \frac{\mu}{2}dw + \mu dS_n$,解得 dw 和 dS_E 的表达式:

$$dS_E = \frac{4\mu\varphi\varphi^*\sigma}{4\varphi\varphi^*\sigma + (\varphi - \varphi^*)^2 + \mu(\varphi^*)^2 - \mu\varphi^2}dS_n,$$

$$dw = \frac{2\mu[\varphi^2 - (\varphi^*)^2] - 2(\varphi - \varphi^*)^2}{4\varphi\varphi^*\sigma + (\varphi - \varphi^*)^2 - \mu[\varphi^2 - (\varphi^*)^2]}dS_n$$

由 $p = \Delta^{\frac{\mu}{1-\sigma}}$,可知

$$\frac{dP}{P} = \frac{\mu d\Delta}{(1-\sigma)\Delta}$$

$$= \frac{2\mu(\varphi - \varphi^*)}{(1-\sigma)(\varphi + \varphi)}\left\{dS_n + (1-\sigma)\frac{\mu[\varphi^2 - (\varphi^*)^2] - (\varphi - \varphi^*)^2}{4\varphi\varphi^* + (\varphi - \varphi^*)^2 - \mu[\varphi^2 - (\varphi^*)^2]}dS_n\right\}。$$

将 dw、$\frac{dP}{P}$ 代入 $\frac{d\omega}{\omega} = \frac{dw}{w} - \frac{dP}{P} = dw - \frac{dP}{P}$,可得

$$\frac{d\omega}{\omega} = \frac{2\mu[\varphi^2 - (\varphi^*)^2] - 2(\varphi - \varphi^*)^2}{4\varphi\varphi^*\sigma + (\varphi - \varphi^*)^2 - \mu[\varphi^2 - (\varphi^*)^2]}dS_n$$

$$- \frac{2\mu(\varphi - \varphi^*)}{(1-\sigma)(\varphi + \varphi^*)}\left\{1 + (1-\sigma)\frac{\mu[\varphi^2 - (\varphi^*)^2] - (\varphi - \varphi^*)^2}{4\varphi\varphi^* + (\varphi - \varphi^*)^2 - \mu[\varphi^2 - (\varphi^*)^2]}\right\}dS_n$$

$$(6)$$

应用集聚均衡瓦解条件 $\frac{d\omega}{\omega} = 0$ 化式(6),可得短期均衡条件:

$$[\sigma\mu^2 + \mu - 2\sigma\mu + (\sigma-1)]\varphi^2 + (2\mu - 4\mu\sigma)\varphi\varphi^* +$$

$$[-\sigma\mu^2 - (1-2\sigma)\mu + (1-\sigma)](\varphi^*)^2 = 0 \qquad (7)$$

其中,$\varphi = t_1^{1-\sigma}$,$\varphi^* = (\tau t_2)^{1-\sigma}$,维持对称均衡需要 t_1、t_2 和 τ 满足式(7),设 $t_2 = \xi t_1 (\xi > 0)$,则式(5)转化为

$$(\xi\tau)^8 - 6(\xi\tau)^4 = 1 \qquad (8)$$

六、集聚均衡瓦解点

在集聚均衡瓦解点上,制造业集聚于本地,本地制造厂商比例 $S_N=1$。由标准化条件可得

$$\Delta = \varphi,$$

$$\Delta^* = \varphi^*,$$

$$\omega = \frac{w}{P} = \varphi \frac{\mu}{\sigma-1},$$

$$S_E = (1-\mu)\left(S_L + \frac{wH^W}{w_L L^w}S_H\right) = \frac{1+\mu}{2},$$

$$(w^*)^\sigma = \frac{\mu E^w}{\sigma F n^w}\left(\varphi^* \frac{S_E}{\varphi} + \varphi \frac{1-S_E}{\varphi^*}\right),$$

$$\omega^* = \frac{w^*}{P^*} = \left[\frac{\varphi^*(1+\mu)}{2\varphi} + \frac{\varphi(1-\mu)}{2\varphi^*}\right]^{1/\sigma}(\Delta^*)^{\frac{\mu}{\sigma-1}}。$$

其中,$\varphi = t_1^{1-\sigma}$,$\varphi^* = (\tau t_2)^{1-\sigma}$。集聚均衡被打破时,外地实际工资率应等于本地实际工资率,即

$$\omega^* = \left[\frac{\varphi^*(1+\mu)}{2\varphi} + \frac{\varphi(1-\mu)}{2\varphi^*}\right]^{1/\sigma}(\Delta^*)^{\frac{\mu}{\sigma-1}} = 1 \qquad (9)$$

形成长期对称均衡需 t_1、t_2 和 τ 满足式(9)。设 $t_2 = \xi t_1 (\xi > 0)$,则式(9)转化为

$$1.4 t_1^{-2}(\tau\xi)^{-6} + 0.6 t_1^{-2}(\tau\xi)^2 = 2 \qquad (10)$$

将 $\mu = 0.4$,$\sigma = 5$,$\varphi = t_1^{1-\sigma}$,$\varphi^* = (\tau t_2)^{1-\sigma}$ 分别代入长期对称均衡条件[式(8)]和长期集聚均衡条件[式(10)]中,得满足长期均衡条件下,对应的销售成本 t_i 及销售成本区域间差异 ξ 和运输成本 τ 组合。

后　记

　　写作本书的意愿由来已久。自从研究生毕业入职大学教书，我就开始讲授流通经济理论的有关课程，想来也有快 20 年了。其间，中国流通产业在时代潮流下日新月异，其与制造业之间的关系亦有着中国背景的产业呈现，我们在享受流通产业高速发展的红利同时，需要思考后续流通成本变动的时代趋势。我想这些当是经济学研究者在进行专业思考时，社会责任感的本能反馈，也是我在求是园中向诸位先生们的学习所得，希望不辜负他们的教诲。

　　写作的过程是漫长且具有挑战性的。新古典经济学关于流通产业的分析和研究只是其精美理论大厦中的一个不具有显著地位的铺垫，为此，在寻找理论解释的过程中，我经历了诸多困难与波折。好在有多位教授的指导与鼓励，他们是现在仍然笔耕不辍的赵伟先生、张旭昆先生，是他们引导我走上了经济学的研究之路。我有幸参加了几次文澜学术沙龙，从中聆听了史晋川教授、罗卫东教授等诸多先生的讲演，他们深邃的思想和独特的观点影响着我对流通产业运行的看法与思考。当然，本书的完稿离不开一群努力向上的研究生们的协助，他们是袁益（第四章）、贺亮（第六章）、叶徽（第七章）等，在与他们的讨论中，我能体会到年轻一代经济学子们希望祖国越来越美好的质朴愿望，这些都令人愉悦。

　　还有，浙江大学出版社的编辑吴伟伟老师和陈思佳老师在本书出版过程中给予的帮助是值得我特别感谢的。我还未曾与她们谋面,但在网络通信的沟通中,她们的专业素养和职业精神,令我钦佩。另外,我的家人长期以来对我的研究工作给予了无私和毫无保留的支持,他们理解我对学术研究的思考,我心怀感恩!

程　艳

2021 年 7 月 6 日

杭州欣园